新・韓国語レッスン
中級

金東漢・張銀英　著

スリーエーネットワーク

Published by 3A Corporation.
Trusty Kojimachi Bldg., 2F, 4, Kojimachi 3-Chome, Chiyoda-ku, Tokyo 102-0083, Japan

ISBN978-4-88319-839-9 C0087

First published 2020
Printed in Japan

はじめに

　本書『新・韓国語レッスン　中級』は2003年に出版した『改訂版　韓国語レッスン初級Ⅱ』を改訂し、出版するものです。『改訂版　韓国語レッスン初級Ⅱ』の元になった『韓国語レッスン初級Ⅱ』を出版してから、早20年になろうとしていますが、当時に比べ、韓国語や韓国の文化が身近になり、テレビ、ラジオ、インターネット、また、大学、語学学校など、様々な方法や場所で韓国語を学習することができるようになりました。このように、韓国語を学習する環境が整い、気軽に韓国語が学習できるようになったことは、非常に喜ばしいことだと思います。

　外国語をある程度、自由に駆使できるようになるためには、絶えず、「聞く、話す、読む、書く」といった練習を続けることが必要です。本書は、短い期間で体系的に韓国語を学習することを目指し、特に「聞く、話す」力を養成するために、文字と発音の学習を充実させ、口頭練習を豊富に用意しています。さらに、「読む、書く」ことにも重要な文の構造や文法を理解しやすくするために、レイアウトを工夫し、文法解説も充実させています。

　今回の改訂に際しては、古くなった語彙や会話場面を見直し、音声もウェブサイトから聞けるようにしました。学校などに通って学習する方だけでなく、独習者の方も本書と音声を利用しながら、韓国語が自由に操れるようになると信じています。

　本書の完成のために、貴重な助言を惜しみなくくださった各大学、各方面の先生方、並びに、先輩、同僚の皆さんに心から感謝いたします。今後も引き続きご指導を賜れれば幸いです。

　最後に、本書の発行にあたり、特に尽力してくださった佐野智子さんを始め、スリーエーネットワークの編集部の皆さんと、素敵なイラストを提供してくださった韓国民画作家の池貴巳子さんにお礼申し上げます。

2020年4月　金東漢　張銀英

本書をお使いになる方へ

本書は、韓国語の全般的な技能（聞く・話す・読む・書く）を総合的に身につけることを目的としていますが、中級段階で重要な「聞く・話す」力の向上に重点を置いています。本書の 🔊 マークのついている箇所の音声をウェブサイトで聞くことができますので、できるだけたくさん音声を聞き、実際に声に出しながら話す練習を繰り返してください。

内容と使い方

各課の構成は次のとおりです。

1. 基本文型　：各課で学ぶ代表的な文型を表す短い文が掲げてある。

2. 例文　　　：基本文型がどのように用いられるかを、質問と答えという短い問答形式で示している。そのほかに、基本文型では扱っていない学習項目を示した文もある。

3. 会話　　　：日常生活で頻繁に使われる慣用表現が多く含まれているので、全文暗記することが望ましい。また、余裕があれば、ほかの語彙を利用して会話を発展させる練習をすると、幅広い会話力が身につく。会話はその課の学習項目を学習し終わったあとで、まとめとして学習するのが効果的だろう。

4. 新しい語彙：各課の基本文型・例文・会話・練習に出てくる語彙を掲載している。

5. 文法解説　：各課に出てくる助詞や文型・表現などに関する文法事項を例とともに説明している。文を作るときの基礎になるので、よく理解し、自分のものにしていくことが大切である。各課の学習はまず、基本文型を確認した後、この文法解説から始めるのが効果的である。

6. 練習：練習はＡとＢの２段階ある。
   練習Ａ：文法的な構造を一目で理解できるようにレイアウトしてある。基本的な文型の定着を図るとともに、活用形の作り方や接続の仕方などを理解するのに役立ててほしい。

練習Ｂ：様々なドリル形式を用いて、基本文型の定着を図る。例に従って、声に出して読みながら練習してほしい。また、書いて練習することも効果的である。⇑や⇓のついた問題はイラストを利用する練習を示す。一通り練習をした後で、代入肢を替えたり、内容を膨らませたり、さらには場面を展開させる練習もお勧めしたい。

付録

巻末に付録として、「用言活用表」「助詞」「練習Ｂの答え」「索引」があります。

記号などについて

1．〔　　　〕は発音を意味する。　例：한국어［한구거］
2．省略できる語句は〔　　　〕でくくった。
　　例：〔나는〕다나카 히로시입니다.
3．会話で多く用いられる縮約形は（＝　　　）で示した。
　　例：이것이（＝이게）무엇입니까（＝뭡니까）？
4．「新しい語彙」、「文法解説」中、置き換えができる部分は、〜で示した。
　　例：〜입니다.　〜입니까？
5．日本語と同じ漢字を使う単語の訳には、その下に＿＿＿を引いた。
　　例：선생　先生
6．日本語で使われていない漢字語は《　　　》の中にその漢字を記した。
　　例：동생《同生》　　당신《當身》
7．「文法解説」、「練習Ａ」に出てくる⇒の左側は、実際には使われない形である。
　　例：사았습니다⇒샀습니다

音声

🔊)) マークのついている箇所の音声を https://www.3anet.co.jp/np/resrcs/439020/
で聞くことができます。

目 次

제 11 과

🔊 기본 문형

1. 저는 꽃꽂이를 배우고 싶어요.

2. 저는 영화보다 연극을 좋아합니다.

3. 값은 좀 비싸지만 물건이 튼튼해요.

🔊 예문

1. 커피를 마시고 싶어요.
   ——저기 자동판매기가 있어요.

2. 그 학생은 앞으로 뭘 하고 싶어해요?
   ——연구를 계속하고 싶어해요.

3. 어떤 음악을 좋아하세요?
   ——저는 재즈를 좋아해요.

4. 낚시를 좋아하세요?
   ——아뇨, 좋아하지 않아요. 싫어해요.

5. 회사에 버스로 다니세요?
   ——버스보다는 전철을 많이 이용해요.

6. 요즘 바쁘세요?
   ——네, 바쁘지만 오늘은 한가해요.

7. 산책하러 갈까요?
   ——가고 싶지만 할일이 많아요.

8. 어제 친구를 만났어요?
   ——1시간쯤 기다렸지만 안 왔어요.

基本文型

1. 私は生け花を習いたいです。

2. 私は映画より演劇が好きです。

3. 値段は少し高いけど、物は丈夫です。

例文

1. コーヒーが飲みたいです。
   ——あそこに自動販売機がありますよ。

2. あの学生はこれから何をしたいと思っていますか。
   ——研究を続けたいと思っています。

3. どんな音楽がお好きですか。
   ——私はジャズが好きです。

4. 釣りがお好きですか。
   ——いいえ、好きではありません。嫌いです。

5. 会社へバスで通っていますか。
   ——バスよりは電車をよく利用します。

6. この頃お忙しいですか。
   ——はい、忙しいですが、今日は暇です。

7. 散歩に行きましょうか。
   ——行きたいけど、やることがたくさんあります。

8. 昨日、友達に会いましたか。
   ——1時間くらい待ちましたが、来ませんでした。

취미

박성미 : 다나카 씨는 취미가 뭐예요?

다나카 : 전 낚시를 좋아해요.

박성미 : 언제부터 낚시를 하셨어요?

다나카 : 5년쯤 전부터 시작했어요.

박성미 : 낚시하러 자주 다니세요?

다나카 : 일주일에 한 번쯤은 가고 싶지만 시간이 별로 없어요.

　　　　 박성미 씨도 낚시를 좋아하세요?

박성미 : 전 낚시보다 등산을 좋아해요.

다나카 : 저도 학생 시절에는 등산을 자주 다녔어요.

　　　　 등산은 건강에 좋아요.

会話

趣味

朴聖美_{パクソンミ}： 田中さんの趣味は何ですか。

田中 ： 私は釣りが好きです。

朴聖美_{パクソンミ}： いつから釣りを始めたんですか。

田中 ： 5年ほど前から始めました。

朴聖美_{パクソンミ}： 釣りにはよく行きますか。

田中 ： 1週間に1度くらいは行きたいんですが、あまり時間がありません。
朴聖美_{パクソンミ}さんも釣りが好きですか。

朴聖美_{パクソンミ}： 私は釣りより登山が好きです。

田中 ： 私も学生時代には登山によく行きました。
登山は健康にいいですよ。

11

この課で学ぶ文法

1. ①〜고 싶다 （〜したい）　②〜고 싶어하다 （〜したがる）
2. 好き・嫌いの表現：〜를/을 좋아하다 （〜が好きだ）
　　　　　　　　　　　〜를/을 싫어하다 （〜が嫌いだ）
3. 〜보다 （〜より）　〜보다는 （〜よりは）／〜보다도 （〜よりも）
4. 〜지만 （〜が、〜けれど （も））

🔊 새로운 어휘　新しい語彙

4

~를/을 좋아하다	~が好きだ
계속하다	続ける、継続する
~를/을 싫어하다	~が嫌いだ
이용하다	利用する
결혼하다	結婚する
그만두다	(会社を) 辞める、中止する
끊다〈담배를 ~〉	〈たばこを〉止める
잘하다	うまくやる、上手だ
비싸다	(値段が) 高い
튼튼하다	丈夫だ
한가하다 ((閑暇~))	暇だ
편리하다	便利だ
맛있다	おいしい
조용하다	静かだ
싸다	(値段が) 安い
어떻다	どんなふうだ
좁다	狭い
깨끗하다	清らかだ、きれいだ
꽃꽂이	生け花
연극	演劇
값	値段
물건 ((物件))	品物
자동판매기	自動販売機
연구	研究
재즈	ジャズ
낚시	釣り
산책	散歩、散策
할일	すること、用事
외국	外国

유학	留学
음식 ((飲食))	食べ物
문법	文法
발음	発音
생선 ((生鮮))	魚
그저께	一昨日
봄	春
소	牛
돼지	豚
운전	運転
여행	旅行
노래	歌
액션	アクション
가요	歌謡
도시	都市
모자	帽子
구두	靴
보람	甲斐、効き目
하숙집	下宿
어떤 ~	どんな~
아무데도	どこにも

취미	趣味
~년	~年
전	前
자주	しばしば、よく
~주일 ((週日))	~週間
별로 ((別~))	あまり、さほど
등산	登山
시절 ((時節))	時代、~の頃
건강	健康

文法解説

1. ①～고 싶다 (～したい) ②～고 싶어하다 (～したがる)

①動詞や一部の存在詞の語幹に고 싶다を付けると、希望や願望の表現になります。その際、叙述文では一人称、疑問文では二人称が主語になるのが普通です。
②また、主に三人称が主語になるとき、動詞や一部の存在詞の語幹に고 싶어하다を付けて、その主体の希望や願望を表す「～したがる」という表現にすることができます。

①～したい	動詞・存在詞（있다、계시다）の語幹＋고 싶다

例）한국에 1년쯤 더 있고 싶습니다.   韓国にあと1年ぐらい滞在したいです。

현금 대신 카드로 지불하고 싶어요.   現金の代わりにカードで払いたいんですが。

그 사람 연락처는 알고 싶지 않아요.   その人の連絡先は知りたくありません。

여기에 더 계시고 싶으세요?   ここにもっといらっしゃりたいですか。

커피 마시고 싶지 않아요?   コーヒー飲みたくないですか。

바다가 보이는 곳에서 살고 싶지 않으세요?
　　　　　　　　　　　　海の見える所に住みたくないですか。

어떤 선물을 받고 싶으세요?   どんなプレゼントが欲しいですか。

②～したがる	動詞・存在詞（있다、계시다）の語幹＋고 싶어하다

例）그 학생은 언제나 혼자 있고 싶어해요.
　　　　　　その学生はいつも一人でいたがります。
그 분은 한국 노래보다도 요리를 배우고 싶어합니다.
　　　　　　その方は韓国の歌よりも料理を習いたがっています。
왜 그렇게 많은 돈을 벌고 싶어할까요?
　　　　　　どうしてそんなにたくさんのお金を儲けたがるんでしょうね。
오늘은 좋아하는 음악도 듣고 싶어하지 않아요.
　　　　　　今日は好きな音楽も聴きたがらないんです。

2. 好き・嫌いの表現 : ～를 / 을 좋아하다 (～が好きだ)
　　　　　　　　　　～를 / 을 싫어하다 (～が嫌いだ)

좋아하다と싫어하다という用言は、それぞれ英語のlikeとdislikeに当たる他動詞で目的語を必要とします。日本語に直訳すると「～を好む」とか「～を嫌う」という他動詞に当たるので、「を」に当たる를と을が付きます。

～が好きだ	～를 / 을 좋아하다
～が嫌いだ	～를 / 을 싫어하다

例) 우리 집사람은 요리보다 청소를 좋아해요.

　　　　　　　家内は料理より掃除の方が好きです。

　　전에는 맥주보다 와인을 좋아했습니다.

　　　　　　　以前はビールよりワインの方が好きでした。

　　그 학생은 수학과 물리를 싫어합니다.

　　　　　　　その学生は数学と物理が嫌いです。

　　그 여자는 담배 피우는 사람을 특히 싫어했어요.

　　　　　　　彼女はたばこを吸う人が特に嫌いでした。

日本語では「を」を使わないのに韓国語で를 / 을を使う表現には、次のようなものがあります。

①～に乗る : ～를 / 을 타다

例) 신칸센을 한 번 타 보고 싶어해요.　一度新幹線に乗りたがっています。

②～に会う : ～를 / 을 만나다

例) 이 선생님보다도 임 선생님을 만나고 싶어요.

　　　　　　　李先生よりも林先生に会いたいです。

③～に耐える : ～를 / 을 견디다

例) 겨울 등산은 추위를 견디는 게 어려워요.

　　　　　　　冬の登山は、寒さに耐えるのが大変です。

④～に勝つ : ～를 / 을 이기다

例) 과연 도전자가 챔피언을 이길 수 있을까?

　　　　　　　果たして挑戦者がチャンピオンに勝てるだろうか。

※③の表現では에、④の表現では에게 / 한테のような助詞も使えます。

3. ～보다 (～より)
   ～보다는 (～よりは) ／～보다도 (～よりも)

～보다は、日本語の助詞「～より」に当たり、比較の意味を表します。また、後ろに는や도を付けて～보다는や～보다도にすると、「～よりは」「～よりも」の意味になります。

～より	～보다
～よりは	～보다는
～よりも	～보다도

例) 제주도보다 오키나와가 더 따뜻해요?

　　　　　　　　　　済州島より沖縄の方が暖かいですか。

　남편은 커피보다는 홍차를 잘 마셔요.

　　　　　　　　　夫はコーヒーよりは紅茶をよく飲みます。

　야구보다도 축구가 더 인기가 있어요.

　　　　　　　　　野球よりもサッカーの方が人気があります。

11

4. ～지만 (～が、～けれど (も))

用言の語幹や補助語幹に付いて逆接の意味を表す連結語尾です。前の内容を認めながらも、後続文の内容がそれに縛られないことを表します。

～が、～けれど	全ての用言の語幹＋지만

例) 形容詞：미안하지만, 말씀 좀 묻겠는데요.

　　　　　　　　　　　　すみませんが、ちょっとお尋ねします。

　　形容詞：그건 그렇지만, 오늘은 역시 무리입니다.

　　　　　　　　　　　　それはそうだけど、今日はやはり無理です。

　　動詞　：눈은 많이 내리지만 춥지는 않습니다.

　　　　　　　　　　　　雪はたくさん降りますが、寒くはありません。

　　動詞　：고래는 바다에 살지만 포유동물입니다.

　　　　　　　　　　　　鯨は海に住んでいるけれど、哺乳動物です。

　　存在詞：돈은 없지만 행복한 가정입니다.

　　　　　　　　　　　　お金はないけれど、幸せな家庭です。

　　指定詞：좋은 날씨는 아니지만 공원에 놀러 갈까요?

　　　　　　　　　　　　いい天気ではありませんが、公園に遊びに行きましょうか。

연습 A

1. 시계를　사고 싶어요.
    외국에서 살고 싶어요.
    무엇을　먹고 싶어요?

2. 　주고 싶어요.　　　　　　주고 싶지 않아요.
    　알고 싶어요.　↔　　　　알고 싶지 않아요.
    결혼하고 싶어요.　　　　결혼하고 싶지 않아요.

3. 그 사람은 유학을　　가고 싶어해요.
    　　　회사를 그만두고 싶어해요.
    　　　담배를　　끊고 싶어해요.

4. 나는 영화　　　를 좋아해요. (↔싫어해요)
    　　낚시
    　　한국 음식을
    　　여름

5. 버스　보다(는/도) 전철이 편리해요.
    문법　　　　　　발음이 어려워요.
    고기　　　　　　생선을 좋아해요.
    그저께　　　　　어제가 추웠어요.

6. 　　　맵지만 맛있어요.
    　　아프지만 가겠어요.
    　　봄이지만 추워요.
    등산은　좋아하지만 낚시는 싫어해요.
    소고기는　먹지만 돼지고기는 안 먹어요.

연습 B

🔊 1. 예 : 불고기를 먹다 → 불고기를 먹고 싶어요?
5
⇩ ——A) 네, 불고기를 먹고 싶어요.
B) 아뇨, 불고기를 먹고 싶지 않아요.

1) 운전을 배우다 →   2) 맥주를 마시다 →
3) 음악을 듣다 →   4) 여행을 가다 →

🔊 2. 예 : 뭘 사요? (자동차) → 뭘 사고 싶어요?
6
——자동차를 사고 싶어요.

1) 언제 중국에 가요? (2월) →
2) 뭘 배워요? (운전) →
3) 무슨 책을 읽어요? (소설책) →
4) 뭘 먹어요? (아무것도) →
5) 일요일에 어디에 가요? (아무데도) →

🔊 3. 예 : 여행 → 여행을 좋아하세요?
7
⇩ ——A) 네, 여행을 좋아해요.
B) 아뇨, 여행을 좋아하지 않아요. 싫어해요.

1) 등산 →   2) 노래 →
3) 낚시 →   4) 생선 →

🔊 4. 예 : 운동 / 야구 → 어떤 운동을 좋아하세요?
8   ——야구를 좋아해요.

   1) 과일 / 귤 →

   2) 음식 / 고기 →

   3) 영화 / 액션 영화 →

   4) 음악 / 가요 →

🔊 5. 예 : 조용하다 (도시 / 시골) → 도시보다 시골이 조용해요.
9   1) 덥다 (어제 / 오늘) →

   2) 싸다 (고기 / 생선) →

   3) 사고 싶다 (모자 / 구두) →

   4) 많다 (여자 / 남자) →

🔊 6. 예 : 일본 음식 (맛있다 / 비싸다) → 일본 음식은 어때요?
10   ——맛있지만 비싸요.

   1) 한국말 공부 (어렵다 / 재미있다) →

   2) 일 (바쁘다 / 보람이 있다) →

   3) 하숙집 (좁다 / 깨끗하다) →

   4) 전철 (편리하다 / 사람이 많다) →

🔊 7. 예 : 친구를 기다렸어요. / 그렇지만 안 왔어요.
11   → 친구를 기다렸지만 안 왔어요.

   1) 영화는 좋아해요. / 그렇지만 텔레비전은 안 봐요. →

   2) 일본 사람이에요. / 그렇지만 한국말을 잘해요. →

   3) 술은 마셔요. / 그렇지만 담배는 안 피워요. →

   4) 놀러 가고 싶어요. / 그렇지만 시간이 없어요. →

11

제12과

1. 높은 산과 파란 하늘이 아름다워요.

2. 어제 배운 단어를 잊어버렸어요.

3. 냉면을 먹는 사람이 많아요.

4. 물건 사러 갈 시간이 없어요.

1. 저기 키가 큰 분이 누구세요?
    ——사진을 찍는 분요? 우리 어머니예요.

2. 이 멋있는 경치는 누가 찍은 거예요?
    ——제가 제주도에서 찍은 거예요.

3. 요즘 일을 안 하세요?
    ——다니던 회사를 그만두었어요.

4. 춥던 날씨가 이제 따뜻해요.
    ——벌써 봄이네요.

5. 회사에서 하는 일이 뭐예요?
    ——상품 개발을 합니다.

6. 이번 일요일에 같이 야구 구경 갈까요?
    ——안돼요. 친구하고 만날 약속이 있어요.

7. 넓은 집으로 이사 가고 싶어요.
    ——저도 그러고 싶지만 집 살 돈이 없어요.

基本文型

1. 高い山と青い空が美しいです。

2. 昨日習った単語を忘れてしまいました。

3. 冷麺を食べる人が多いです。

4. 買い物に行く時間がありません。

例文

1. あそこの背の高い方はどなたですか。
   ——写真を撮っている方（人）ですか。私の母です。

2. この素晴らしい景色はだれが撮ったものですか。
   ——私が済州島で撮ったものです。

3. この頃仕事をなさらないんですか。
   ——勤めていた会社を辞めたんです。

4. 少し前まで寒かったのに、今は暖かいです。
   ——もう春ですね。

5. 会社でしている仕事は何ですか。
   ——商品開発をしています。

6. 今度の日曜日に一緒に野球を見に行きましょうか。
   ——だめなんです。友達と会う約束があります。

7. 広い家に引っ越ししたいです。
   ——私もそうしたいけど、家を買うお金がありません。

🔊 회화
14

원숭이 얼굴은 빨개

박성미 : 다나카 씨, 재미있는 놀이가 있어요.

다나카 : 어떤 거예요?

박성미 : 따라 해 보세요.

원숭이 얼굴은 빨개	빨간 건 사과
사과는 맛있어	맛있는 건 바나나
바나나는 길어	긴 건 기차
기차는 빨라	빠른 건 비행기
비행기는 높아	높은 건 백두산

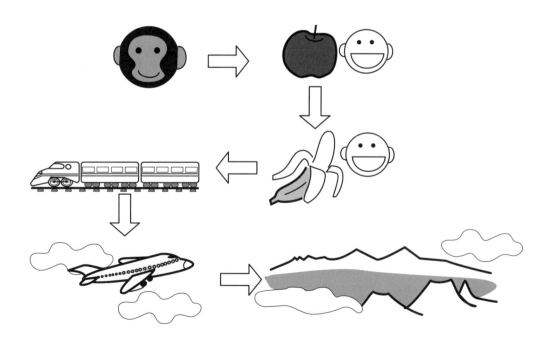

16

会話

猿の顔は赤い

朴聖美^{パクソンミ}：　田中さん、面白い遊びがありますよ。

田中　：　どういうものですか。

朴聖美^{パクソンミ}：　後について言ってみてください。

猿の顔は赤い	赤いのはりんご
りんごはおいしい	おいしいのはバナナ
バナナは長い	長いのは汽車
汽車は速い	速いのは飛行機
飛行機は高い	高いのは白頭山

この課で学ぶ文法

1. 連体形
2. 形容詞の連体形
3. 動詞の連体形
4. 存在詞（있다 / 없다）と指定詞（이다 / 아니다）の連体形
5. ㅎ（히읗）変則の形容詞

잊어버리다	忘れてしまう	벌레	虫
이사 가다	引っ越す	케이크	ケーキ
((移徙 ～))		～때	～とき
그러다	そうする	옛날	昔
그리다	描く	안경	眼鏡
만들다	作る	자격증	資格証、免許書
달리다	走る	부장	部長
건너다	渡る	필리핀	フィリピン
찾다〈돈을 ～〉	〈お金を〉引き出す	나라	国
팔다	売る	눈	雪
쓰다〈안경을 ～〉	〈眼鏡を〉かける、	～점	～店
	(帽子を) かぶる	딸	娘
찾다	探す	탁구	卓球
～가 / 이 되다	～になる	아들	息子
들다〈짐을 ～〉	〈荷物を〉持つ、	동네 ((洞～))	町、村
	(物を) 上げる	신용카드	クレジットカード
높다	高い	((信用～))	
파랗다	青い	손	手
따뜻하다	暖かい	주부	主婦
넓다	広い	남편 ((男便))	夫、主人
빨갛다	赤い	이제	今、もうすぐ
예쁘다	きれいだ	벌써	もう、すでに
까맣다	黒い	～네요.	～ですね。
노랗다	黄色い		(15課参照)
하얗다	白い	안돼요.	だめです。
차다	冷たい	언제나	いつも
멀다	遠い		
하늘	空	원숭이	猿
단어	単語	얼굴	顔
냉면	冷麺	놀이	遊び
～분	～方	따라 하다	倣ってする、
우리	我々		後について言う
거	もの、こと(것の縮約形)	바나나	バナナ
상품	商品	기차	汽車
개발	開発	빠르다	速い
이번 （～）	今度(の～)、今回(の～)	비행기	飛行機
구경	見物	백두산	白頭山
그림	絵		

文法解説

1. 連体形

連体形とは、用言（動詞、形容詞、存在詞、指定詞）が体言（名詞、代名詞、数詞など）を修飾するときの形です。体言に連なる形なので連体形と言います。語順は日本語と同様、連体形を体言の前に置きます。

例） 싼　　과일　　　　　安い果物
　　連体形　　名詞

　　온　　사람　　　　　　来た人
　　連体形　　名詞

2. 形容詞の連体形

区分	語幹	連体形	原形	語幹＋連体形語尾	用例	
過去	母音	〜던	싸다	싸＋던	싸던 과일	安かった果物
	ㄹ	〜던	길다	길＋던	길던 머리	長かった髪
	子音	〜던	깊다	깊＋던	깊던 호수	深かった湖
現在	母音	〜ㄴ	싸다	싸＋ㄴ→싼	싼 과일	安い果物
	ㄹ(脱落)	〜ㄴ	길다	길＋ㄴ→긴	긴 머리	長い髪
	子音	〜은	깊다	깊＋은	깊은 호수	深い湖
未来	母音	〜ㄹ	싸다	싸＋ㄹ→쌀	第17、20、21課に未来連体形を用いた表現があります。参照してください。	
	ㄹ(脱落)	〜ㄹ	길다	길＋ㄹ→길		
	子音	〜을	깊다	깊＋을		

12

19

3. 動詞の連体形

区分	語幹	連体形	原形	語幹+連体形語尾	用例	
過去回想	母音	〜던	오다	오+던	오던 사람	よく来ていた人
	ㄹ	〜던	살다	살+던	살던 집	住んでいた家
	子音	〜던	읽다	읽+던	읽던 잡지	読んでいた雑誌
過去	母音	〜ㄴ	오다	오+ㄴ→온	온 사람	来た人
	ㄹ(脱落)	〜ㄴ	살다	살+ㄴ→산	산 집	住んだ家
	子音	〜은	읽다	읽+은	읽은 잡지	読んだ雑誌
現在	母音	〜는	오다	오+는	오는 사람	来る人
	ㄹ(脱落)	〜는	살다	살+는→사는	사는 집	住んでいる家
	子音	〜는	읽다	읽+는	읽는 잡지	読む／読んでいる雑誌
未来	母音	〜ㄹ	오다	오+ㄹ→올	올 사람	(これから)来る人
	ㄹ(脱落)	〜ㄹ	살다	살+ㄹ→살	살 집	(これから)住む家
	子音	〜을	읽다	읽+을	읽을 잡지	(これから)読む雑誌

4. 存在詞（있다／없다）と指定詞（이다／아니다）の連体形

区分	存在詞 있다 / 없다	指定詞 이다 / 아니다	用例
過去	～(었)던	～(었)던	집 앞에 있던 가게　家の前にあった店 사실이 아니었던 뉴스 　　　　　　　　事実ではなかったニュース
現在	～는	～ㄴ	욕심이 없는 사람　　欲のない人 포유동물인 고래　　哺乳動物である鯨
未来	～을	～ㄹ	집에 있을 예정　　　家にいる予定 만원일 거예요.　　　満員だと思います。

※用言の連体形語尾「～던」は「～았/었」の後に付けて使うこともあります。

　主に、「～던」は過去に経験したある動作や状態の日常性を思い返す表現として、「～았던/～었던」は過去のある動作や状態が完了せず中断したこと（断絶の未完）を回想する表現として用います。

12

5. ㅎ（히읗）変則の形容詞

形容詞の語幹末の받침にㅎが使われている単語は、좋다（いい）以外は全て変則的な活用をします。

① ㅎ받침の後ろに〜아／어（第14課）、〜았／었（第8課）、〜아서／어서（第15課）などが付く아／어活用形の場合、ㅎが脱落し、語幹末のㅏ、ㅓはㅐに、ㅑはㅒに、ㅕはㅖに変化します。

② ㅎの後ろに은、을、으면が続く場合は、ㅎと으の部分がともに脱落します。

例）①

区分		〜아요／어요	〜았／었어요
規則	좋다　（いい）	좋아요	좋았어요
変則	빨갛다（赤い） 이렇다（こうだ） 하얗다（白い） 부옇다（白濁している）	빨개요 이래요 하얘요 부예요	빨갰어요 이랬어요 하얬어요 부옜어요

※「会話」に出てくる빨개(赤い)は、빨개요(赤いです)から丁寧さを表す語尾요を取った形です。

例）②

区分		〜은 （現在連体形）	〜을 （未来連体形）	〜으면　〜れば （第17課参照）
規則	좋다	좋은	좋을	좋으면
変則	빨갛다 이렇다 하얗다 부옇다	빨간 이런 하얀 부연	빨갈 이럴 하얄 부열	빨가면 이러면 하야면 부여면

なお、받침にㅎが使われている動詞のほとんどは、規則活用をします。
例）낳다（生む）、넣다（入れる）、놓다（放す）、땋다（編む、なう）、
　　빻다（粉をひく）、쌓다（積む）など

연습 A

1. 예쁘다   예쁘던 얼굴   예쁜 얼굴
    높다   높던 산   높은 산
    덥다   덥던 날씨   더운 날씨
    파랗다   파랗던 하늘   파란 하늘

2. 쓰다 쓰던 연필   3. 그리다 그린 그림
    듣다 듣던 음악   죽다   죽은 벌레
    살다 살던 사람   만들다 만든 케이크

4. 달리다 달리는 자동차   5. 건너다 건널 때
    먹다   먹는 사람   찾다   찾을 돈
    놀다   노는 시간   팔다   팔 물건

6. 자주   가던 식당이 어디예요?
    유학을 간   사람이 있어요?
    저기   가는 사람이 누구예요?
    같이   갈 사람이 몇 명이에요?

7. 옛날에 읽던 책을 다시 읽어 보고 싶어요.
    어제   읽은 책은 재미있었어요.
    지금   읽는 책은 어려워요.
    책을   읽을 때는 안경을 써요.

8. 여기에   있던 사진이 어디 갔어요?
    자격증이   있는 사람을 찾고 있어요.
    전에   과장이었던 분이 부장이 됐어요.

12

연습 B

🔊 1. 예 : 김 선생님은 바쁘다 / 사람
16
→ 김 선생님은 바쁜 사람이에요.

1) 오늘은 따뜻하다 / 날씨 →
2) 백두산은 높다 / 산 →
3) 기무라 씨는 멋있다 / 남자 →
4) 필리핀은 덥다 / 나라 →

🔊 2. 예 : 머리 / 까맣다 → A) 까만 머리
17
B) 머리가 까매요.

1) 구두 / 빨갛다 →
2) 우산 / 노랗다 →
3) 하늘 / 파랗다 →
4) 눈 / 하얗다 →

🔊 3. 예 : 구두 / 사다 → 어떤 구두를 샀어요?
18
⇓
——예쁜 구두를 샀어요.

1) 우유 / 마시다 →
2) 영화 / 보다 →
3) 산 / 가다 →
4) 선물 / 받다 →
5) DVD / 빌리다 →
6) 모자 / 사다 →

예	1	2	3	4	5	6
예쁘다	차다	재미있다	높다	멋있다	무섭다	까맣다

🔊 4. 예 : 한영수 씨가 잘 가요. / 음식점이에요.
19
      → 한영수 씨가 잘 가는 음식점이에요.

1) 딸이 다녀요. / 학교는 멀어요. →

2) 탁구를 쳐요. / 아이가 아들이에요. →

3) 내가 요즘 읽어요. / 책은 어려워요. →

4) 친구가 살아요. / 동네는 조용해요. →

🔊 5. 예 : 아버지한테서 받았어요.
20
⇓   → 아버지한테서 받은 시계예요.

1) 제주도에서 찍었어요. →

2) 도서관에서 빌렸어요. →

3) 형이 그렸어요. →

4) 제가 만들었어요. →

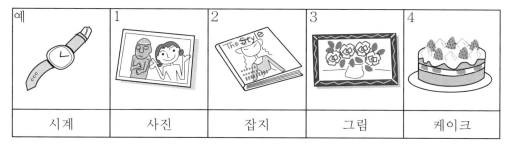

예	1	2	3	4
시계	사진	잡지	그림	케이크

🔊 6. 예 : 사전을 찾아요. / 안경을 써요.
21
      → 사전을 찾을 때 안경을 써요.

1) 돈이 없어요. / 신용카드로 물건을 사요. →

2) 머리가 아파요. / 이 약을 먹어요. →

3) 병원에 가요. / 제가 같이 갈까요? →

🔊 7. 예 : 역 앞에 있었다 / 서점이 지금 없네요.
22
      → 역 앞에 있던 서점이 지금 없네요.

1) 오늘이 생일이다 / 사람은 손을 드세요. →

2) 아이가 있다 / 주부는 언제나 바빠요. →

3) 친구였다 / 사람이 지금은 남편이에요. →

제13과

1. 아침에 세수를 하고 밥을 먹고 직장에 갑니다.

2. 이 식당은 음식이 싸고 맛있지요?

3. 여기 있던 도장이 어디 갔지요?

4. 월급은 적은데 물가는 비싸요.

1. 어젯밤에 뭘 하셨어요?
  ——텔레비전을 보고 일기를 쓰고 잤어요.

2. 일본 대사관까지 가는데 어떻게 가지요?
  ——지하철 3호선을 타고 두 번째 역에서 내리세요.

3. 결혼할 여자는 어떤 사람입니까?
  ——얼굴도 예쁘고 마음도 착해요.

4. 그 부부는 뭐 하는 분들이세요?
  ——남편은 교수이고 부인은 방송국에서 일하고 있지요.

5. 어떤 남자를 좋아하세요?
  ——건강하고 유머가 있는 사람을 좋아해요.

6. 퇴근하고 한잔하러 가는데 같이 가시겠어요?
  ——그거 좋지요. 이따가 만납시다.

7. 이렇게 비가 오는데 어디 가세요?
  ——아주 중요한 약속이 있어요.

基本文型

1. 朝、顔を洗って、ご飯を食べて、職場へ行きます。

2. この食堂は（食べ物が）安くておいしいですよね。

3. ここにあった判こはどこに行ったのでしょうか。

4. 給料は少ないのに物価は高いです。

例文

1. 昨日の夜、何をしましたか。
   ——テレビを見て、日記を書いて、寝ました。

2. 日本大使館まで行くんですが、どのように行けばいいですか。
   ——地下鉄3号線に乗って、二つ目の駅で降りてください。

3. 結婚相手の女性はどんな人ですか。
   ——顔がきれいで、心も優しいです。

4. あの夫婦は何をしている方々ですか。
   ——ご主人は教授で、奥さんは放送局で働いていますよ。

5. どんな男性がお好きですか。
   ——健康でユーモアのある人が好きです。

6. 会社が終わってから一杯飲みに行くんですが、一緒に行きませんか。
   ——それはいいですね。あとで会いましょう。

7. こんなに雨が降っているのに、どこへ行くんですか。
   ——とても重要な約束があるんです。

초대

박성미 : 다나카 씨는 휴일에 주로 뭘 하세요?

다나카 : 집에서 빨래도 하고 청소도 하지요.

박성미 : 식사는 어떻게 하세요?

다나카 : 주로 외식을 해요.

박성미 : 오는 토요일 저녁에 친구들이 집에 오는데,
다나카 씨도 오시겠어요? 같이 저녁 먹어요.

다나카 : 감사합니다. 그런데 어떻게 가지요?

박성미 : 지하철 2호선을 타고 신촌에서 내리세요.
제가 오후 4시에 역 개찰구에서 기다리겠어요.

다나카 : 아뇨, 약도만 주세요. 제가 찾아가겠습니다.

会話

招待

朴聖美_{パクソン ミ}： 田中さんは休みの日には主に何をしますか。

田中 ： 家で洗濯したり、掃除したりしますね。

朴聖美_{パクソン ミ}： 食事はどうしていますか。

田中 ： 主に外食をします。

朴聖美_{パクソン ミ}： 今度の土曜日の夕方、友達が家に来るんですが、

田中さんもいらっしゃいませんか。一緒に夕食を食べましょう。

田中 ： ありがとうございます。ところで、どうやって行くんでしょうか。

朴聖美_{パクソン ミ}： 地下鉄2号線に乗って新村_{シンチョン}で降りてください。

私が午後4時に駅の改札口で待っています。

田中 ： いいえ、略図だけください。自分で探して行きます。

13

この課で学ぶ文法

1. ～고（～で、～くて、～し、～して、～してから）
2. ～ㄴ데/～는데/～은데（～が、～けれども、～のに、～ので）
3. ～지요.（～ですね。～ますね。～ですよ。～ますよ。）
   ～지요?（～でしょう？　～ですよね？　～ますね？）

내리다	降りる	~들	~達、~ら
퇴근하다 《退勤~》	退社する	부인	夫人、奥さん
		방송국	放送局
한잔하다 《~盞~》	一杯飲む	유머	ユーモア
		독신	独身
넣다	入れる	설탕 《雪糖》	砂糖
잃어버리다	なくしてしまう	겨울	冬
씻다	洗う	모양 《模様》	形、格好
고장(이) 나다	故障する、壊れる	인구	人口
낫다	治る	화장	化粧
출근하다	出勤する	수박	すいか
방해(를) 하다	邪魔する、妨害する	이따가	あとで
적다	少ない	이렇게	こんなに
착하다	善良だ、おとなしい		
중요하다	重要だ	초대	招待
시원하다	涼しい	주로	主に
무겁다	重い	빨래	洗濯、洗濯物
달다	甘い	청소	掃除、清掃
도장 《圖章》	判こ、印鑑	식사	食事
월급	月給	외식	外食
물가	物価	오는 ~	来る~、今度の~
어젯밤	昨日の夜	그런데	ところで
일기	日記	개찰구	改札口
대사관	大使館	약도	略図、地図
지하철	地下鉄	~만	~だけ、
~호선	~号線		~さえ（24課参照）
마음	心	찾아가다	訪ねて行く、
부부	夫婦		探して行く

文法解説

1. ～고 （～で、～くて、～し、～して、～してから）

連結語尾고は、先行する文の文末用言の語幹に付いて、2つの文を1つにつなぐ役割をします。고は全ての用言の語幹に付いて、次のような働きをします。

① 2つ以上の事実を単純に羅列する。

例） 봄은 따듯하고 가을은 선선해요.　　　春は暖かく、秋は涼しいです。
　　 여기에는 싸고 좋은 물건이 많아요.　　ここには安くていい品が
　　　　　　　　　　　　　　　　　　　　　　　　たくさんあります。

② 2つ以上の出来事が同時に起きることを表す。

例） 형은 기타를 치고, 누나는 노래를 합니다.　兄はギターを弾き、
　　　　　　　　　　　　　　　　　　　　　　　　姉は歌を歌います。

　　 눈도 오고, 바람도 세게 불었어요.　　雪も降り、風も強く吹きました。

③ 先行の文の動作が完了したあと、後続の文の動作が続くことを表す。

例） 일을 끝내고 한잔하러 갈까요?　　　仕事を済ませてから、一杯飲
　　　　　　　　　　　　　　　　　　　　　みに行きましょうか。

　　 영화를 보고 감상문을 썼습니다.　　映画を見てから、感想文を書
　　　　　　　　　　　　　　　　　　　　　きました。

④ 動詞によっては、先行する文の動作が完了し、その状態が後続の文の動作にそのまま持続されることを表す。

例） 내일은 새 옷을 입고 외출합시다.　　明日は新しい服を着て外出し
　　　　　　　　　　　　　　　　　　　　　ましょう。

　　 자전거를 타고 공원에 놀러 갔어요.　自転車に乗って公園へ遊びに
　　　　　　　　　　　　　　　　　　　　　行きました。

　※会話の中では特に、「母音で終わる体言＋이고（指定詞の語幹이＋고）」の이は省略されることが多いです。

　　 이게 진달래(이)고, 저건 철쭉이에요.　これがチンダルレで、あれは
　　　　　　　　　　　　　　　　　　　　　ツツジです。

　　 아버지께서는 의사(이)시고, 어머니께서는 주부(이)십니다.
　　　　　　　　　　　　　　　　　　父は医者で、母は主婦です。

2. ～ㄴ데/～는데/～은데 （～が、～けれども、～のに、～ので）

後ろに続く内容に対する背景や状況を説明したり描写したりする表現です。

この表現は、用言の現在連体形に데を、補助語幹には ㄴ데/는데 を付けて作ります。

用　言	動詞　　　　（는）　＋데	補助語幹	動詞： 시/으시　＋는데
	形容詞（ㄴ/은）＋데		その他：시/으시　＋ㄴ데
	存在詞　　（는）　＋데		았/었, 겠＋는데
	指定詞　　（ㄴ）　＋데		

例) 짐이 많은데 어떻게 하지?　　荷物が多いけど、どうしようか。

눈이 많이 오는데 괜찮아?　　雪がたくさん降っているけど、大丈夫？

지금 통화중인데 기다리시겠어요?

今話し中ですが、お待ちになりますか。

언제나 건강하신데 무슨 비결이라도 있습니까?

いつもお元気でいらっしゃいますが、何か秘訣でもあるんですか。

비자를 찾으러 왔는데 어디로 가면 돼요?

ビザを取りに来たんですが、どこへ行けばいいですか。

시간이 꽤 걸리겠는데 택시를 탈까요?

時間が相当かかりそうなので、タクシーに乗りましょうか。

3. ～지요. （～ですね。～ますね。～ですよ。～ますよ。）
～지요? （～でしょう？　～ですよね？　～ますね？）

① ～지요. は叙述文に使われる終結語尾で、話し手が聞き手に対し自分の考えや判断を柔らかく説明調で伝えるときや、話し手の意志を表すときに使う表現です。またこの表現は、尊敬の補助語幹と一緒に使われると最も丁寧な命令形語尾になります。

例) 제가 한 번 보러 가지요.　　私が一度見に行きましょう。

여기서 잠깐 기다리시지요.　　ここで少々お待ちください。

② ～지요? は～지요. の疑問形で、話し手の考えや判断に対して聞き手の同意を求める表現になります。また「疑問詞＋지요?」は普通の疑問文より柔らかい尋ね方になります。

例) 바다보다도 산을 좋아하지요?　海よりも山が好きでしょう？

아까 전화하신 분이지요?　　さっき電話をなさった方ですよね？

공항역까지 얼마지요?　　空港駅まではいくらでしょう？

연습 A

1. 영화를 <mark>보고</mark> 차를 마셔요.
    세수를 <mark>하고</mark> 밥을 먹어요.
    가방을 <mark>들고</mark> 학교에 가요.
    음악을 <mark>듣고</mark> 편지를 써요.

2. 키가 <mark>크고</mark> 멋있어요.
    머리가 <mark>좋고</mark> 재미있어요.
    집이 <mark>조용하고</mark> 깨끗해요.
    나이가 서른 <mark>살이고</mark> 독신이에요.

3. 친구가 많이 <mark>있지요?</mark>
    홍차에 설탕을 <mark>넣지요?</mark>
    어제는 병원에 <mark>갔지요?</mark>
    겨울에는 매우 <mark>춥지요.</mark>

4. 친구가 <mark>결혼하는데</mark> 뭘 선물할까요?
    열쇠를 <mark>잃어버렸는데</mark> 어떻게 하지요?
    시간은 <mark>있는데</mark> 돈이 없어요.
    모양은 <mark>예쁜데</mark> 비싸요.
    한국은 작은 <mark>나라인데</mark> 인구가 많아요.

13

연습 B

🔊 1. 예 : 머리를 빗어요. / 화장을 해요.
27
⇓   → 머리를 빗고 화장을 해요.

1) 신발을 벗어요. / 집에 들어가요. →

2) 손을 씻어요. / 밥을 먹어요. →

3) 청소를 해요. / 홍차를 마셔요. →

4) 책을 읽어요. / 일기를 써요. →

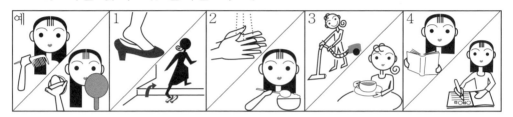

🔊 2. 예 : 언니는 방에 있어요. / 오빠는 마당에 있어요.
28
→ 언니는 방에 있고 오빠는 마당에 있어요.

1) 나는 신문을 봐요. / 동생은 책을 읽어요. →

2) 부모님은 서울에 사세요. / 우리는 도쿄에 살아요. →

3) 나는 가요를 좋아해요. / 형은 재즈를 좋아해요. →

4) 여름에는 시원해요. / 겨울에는 따뜻해요. →

🔊 3. 예 : 이 카메라는 어때요? → 크고 무거워요.
29
⇓   1) 이 동네는 어때요? →

2) 방학 숙제는 어때요? →

3) 이 수박은 어때요? →

4) 그 남자는 어때요? →

예	1	2	3	4
크다/무겁다	깨끗하다/조용하다	어렵다/많다	달다/맛있다	키가 크다/멋있다

예 : 서울은 물가가 비싸요. → 서울은 물가가 비싸지요?

1) 내일은 휴일이에요. →

2) 버스보다 지하철이 편리해요. →

3) 방에 아무도 없어요. →

4) 영화가 아주 재미있었어요. →

예 : 전화가 고장이 났습니다. / 어떻게 할까요?

   → 전화가 고장이 났는데 어떻게 할까요?

1) 날씨는 따뜻합니다. / 눈이 와요. →

2) 주소를 모릅니다. / 누구한테 물을까요? →

3) 약을 먹었습니다. / 감기가 낫지 않아요. →

4) 일요일입니다. / 회사에 출근하세요? →

5) 공부를 합니다. / 동생이 방해를 해요. →

6) 서울역까지 갑니다. / 몇 분쯤 걸리지요? →

13

제14과

🔊 **기본 문형**
32

1. 길을 좀 가르쳐 주세요.

2. 천천히 말씀해 주시겠어요?

3. 미술관까지 제가 안내해 드렸어요.

4. 손톱을 길게 길렀어요.

🔊 **예문**
33

1. 그 장갑 멋있는데, 어디서 샀어요?
——아내가 짜 주었습니다.

2. 지난달에 같이 찍은 사진을 보여 주세요.
——메일로 보내 드릴까요?

3. 이 근처에 좋은 치과가 있어요?
——소문 난 치과가 있는데, 소개해 드리지요.

4. 뭘 도와 드릴까요?
——국립 미술관 가는 길을 좀 가르쳐 주시겠어요'?

5. 첫 월급으로 부모님께 뭘 해 드렸어요?
——맛있는 선물을 사 드렸어요.

6. 아드님은 키가 큰 편입니까?
——네, 농구 선수처럼 키가 커요.

7. TV 소리가 잘 안 들리는데요.
——소리를 좀 크게 할까요?

基本文型

1. ちょっと道を教えてください。

2. ゆっくりおっしゃっていただけますか。

3. 美術館まで私が案内いたしました。

4. 爪を長く伸ばしました。

例文

1. その手袋、素敵だけど、どこで買ったんですか。
   ——家内が編んでくれたんです。

2. 先月一緒に撮った写真を見せてください。
   ——メールでお送りしましょうか。

3. この近所にいい歯医者がありますか。
   ——評判のいい歯医者があるので、ご紹介しますよ。

4. 何かお困りですか。（お手伝いしましょうか。）
   ——国立美術館へ行く道を教えていただけますか。

5. 初めての給料でご両親に何をしてあげましたか。
   ——すてきなプレゼントを買ってあげました。

6. 息子さんは背が高いほうですか。
   ——はい、バスケットボール選手のように背が高いです。

7. テレビの音がよく聞こえないんですが。
   ——音を少し大きくしましょうか。

미용실

미용사 : 어서 오세요. 어떻게 해 드릴까요?

최영희 : 짧게 잘라 주세요.

미용사 : 네. 요즘 짧은 머리가 유행이지요.

최영희 : 이 사진의 배우처럼 하고 싶은데요.

미용사 : 그렇게 해 드리지요. 손님한테 어울리겠는데요.
　　　　　앞머리도 짧게 잘라 드릴까요?

최영희 : 아뇨, 조금만 잘라 주세요.

미용사 : 파마도 하시겠어요?

최영희 : 하고 싶지만, 오늘은 시간이 없어요.
　　　　　다음에 하겠어요.

....

미용사 : 다 됐습니다. 거울 보세요. 예쁘지요?

최영희 : 네, 마음에 들어요. 고맙습니다.

会話

美容室

美容師： いらっしゃいませ。どのようにいたしましょうか。

崔永姫 (チェヨンヒ)： 短く切ってください。

美容師： はい。このごろ短い髪が流行っていますね。

崔永姫 (チェヨンヒ)： この写真の俳優のようにしたいんですが。

美容師： そのようにいたしますね。お客様に似合いそうですね。
　　　　前髪も短く切りましょうか。

崔永姫 (チェヨンヒ)： いいえ、少しだけ切ってください。

美容師： パーマもかけますか。

崔永姫 (チェヨンヒ)： かけたいんですが、今日は時間がありません。
　　　　今度にします。

....

14

美容師： 終わりました。鏡を見てください。きれいでしょう？

崔永姫 (チェヨンヒ)： ええ、気に入りました。ありがとうございました。

この課で学ぶ文法

1. 連用形　〜아 / 〜어 / 〜여　（〜（し）て、〜で）
2. 〜아 / 어 / 여 주다　（〜してあげる、〜してくれる）
3. 〜아 / 어 / 여 드리다　（〜してさしあげる、〜いたす）
4. 〜처럼　（〜のように）
5. 〜게　（〜く、〜に）
6. ㄹ変則用言

가르치다	教える	국립	国立
안내하다	案内する	첫 ~	初めての、初の
기르다	(髪や爪などを)伸ばす	아드님	ご子息
	(動物や植物などを)	~ 편 ((便))	~ほう
	育てる、飼う	농구 ((籠球))	バスケットボール
짜다	編む	선수	選手
보이다	見せる、見える	소리	音、声
소문 나다	噂が立つ、評判である	그림책 ((~冊))	絵本
((所聞~))		성적표	成績表
소개하다	紹介する	시내	市内
들리다	聞こえる	잔돈	小銭、お釣り
데려가다	連れて行く	바람	風
고치다	直す	터미널	ターミナル
싣다	積む、載せる	후배	後輩
깎다	むく、削る、刈る	가을	秋
바꾸다	替える	눈	目
불다	吹く	호수 ((湖水))	湖
설명하다	説明する	어른	大人
적다	記す、書き記す	어린아이	子供
닫다	閉める	꽃	花
켜다	(明かり、ガス、エアコン、	천천히	ゆっくり
	ラジオなどを)つける		
복사하다	コピーする、複写する	미용실	美容院、美容室
울다	泣く	미용사	美容師
피다	咲く	짧다	短い
세다	強い	자르다	切る
두껍다	厚い	배우	俳優
맑다	澄んでいる、晴れている	손님	お客さん
늦다	遅い	어울리다	似合う
친절하다	親切だ	조금	少し
손톱	爪	파마(를) 하다	パーマをかける
아내	妻、家内	다음	次、次の、あと
메일	メール	다 되다	完成する
치과	歯科	거울	鏡

文法解説

1. 連用形 ～아/～어/～여 (～（し）て、～で)

日本語の場合、「会う」や「読む」などの動詞と「みる」という動詞をつなげると、「会ってみる」、「読んでみる」のように前に来る動詞の形が変化します。

韓国語も同様に用言と用言をつなげるときには先行用言の形が変化します。この形を後ろの用言につながる形という意味で連用形といいます。

　※ここでの用言とは動詞と存在詞のことを指します。

〈連用形の作り方〉

陽語幹＋아	사다＋오다	→사 오다	買って来る
	앉다＋있다	→앉아 있다	座っている
陰語幹＋어	들다＋가다	→들어가다	入って行く
	뛰다＋오다	→뛰어오다	走って来る
하語幹＋여 하여＝해	말하다＋보다	→말하여 보다 ＝말해 보다	話してみる
	준비하다＋두다	→준비하여 두다 ＝준비해 두다	用意しておく

14

〈아 / 어活用形の縮約形〉

縮約形がある場合、特に会話ではほとんど縮約形が使われます。

오다 (来る：와) と、下の①③⑤は縮約形だけを使います。

区分	連用形	
① ㅏ + 아 → ㅏ	사다 (買う)：	사 + 아 → 사
② ㅐ + 어 → ㅐ	내다 (出す)：	내 + 어 → 내
③ ㅓ + 어 → ㅓ	서다 (立つ)：	서 + 어 → 서
④ ㅔ + 어 → ㅔ	세다 (強い)：	세 + 어 → 세
⑤ ㅕ + 어 → ㅕ	켜다 (つける)：	켜 + 어 → 켜
⑥ ㅗ + 아 → ㅘ	보다 (見る)：	보 + 아 → 봐
⑦ ㅚ + 어 → ㅙ	되다 (なる)：	되 + 어 → 돼
⑧ ㅜ + 어 → ㅝ	주다 (あげる)：	주 + 어 → 줘
⑨ ㅣ + 어 → ㅕ	지다 (散る)：	지 + 어 → 져
⑩ 하 + 여 → 해	말하다 (話す)：	말하 + 여 → 말해

※過去形は、『新・韓国語レッスン初級』第8課を参照してください。

2. ～아 / 어 / 여 주다 (～してあげる、～してくれる)

日本語では、何かを与える動作を表す表現に「あげる」と「くれる」がありますが、韓国語ではどちらも주다で表します。他の動詞や存在詞있다の連用形に주다を付けると「～してあげる」「～してくれる」という意味になります。

～してあげる ～してくれる	～아 / 어 / 여 주다

例) 아기를 안아 주세요.　　　　　　赤ちゃんを抱いてあげてください。
　　저를 안아 주세요.　　　　　　　私を抱いてください。
　　동생에게 책을 읽어 주었어요.　　弟に本を読んであげました。
　　저에게도 책을 읽어 주었어요.　　私にも本を読んでくれました。
　　이따가 전화하여 (= 전화해) 주십시오. あとでお電話ください。

3. ～아 / 어 / 여 드리다 (～してさしあげる、～いたす)

드리다 (差し上げる) は주다 (あげる) の謙譲語です。
～아 / 어 / 여 드리다は「～してさしあげる」「～いたす」「お～する」という意味になります。

～してさしあげる ～いたす	～아 / 어 / 여 드리다

例) 떨어진 단추를 달아 드릴까요?　　　　取れたボタンをお付けしましょうか。

　　하루 종일 어머니를 도와 드렸습니다.　一日中母を手伝いました。

　　기념 사진을 찍어 드릴까요?　　　　　記念写真をお撮りしましょうか。

　　한 선생님께 일본말을 가르쳐 드리고　韓先生に日本語をお教えしたい
　　싶어요.　　　　　　　　　　　　　　です。

　　부모님을 기쁘게 하여(＝해) 드립시다.　両親を喜ばせてあげましょう。

4. ～처럼 (～のように)

体言の後ろに直接付けて、「～のように」という意味を表します。この助詞の代わりに、같이という助詞が使われることも多いです。

例) 새처럼(＝새같이) 하늘을 날고 싶어요.

　　　　　　　　　　　鳥のように空を飛びたいです。

　　마치 가수처럼(＝가수같이) 노래를 부릅니다.

　　　　　　　　　　　まるで歌手のように歌を歌います。

　　정 선생님처럼(＝선생님같이) 발음하세요.

　　　　　　　　　　　鄭先生のように発音してください。

5. ～게（～く、～に）

形容詞の語幹に게を付けると副詞形に変わり、後ろに来る動詞や存在詞있다を修飾します。

例）좀 더 싸게 해 주세요.   もう少し安くしてください。
　　〈싸다→싸게〉

　　텔레비전 소리를 좀 더 크게 합시다.
　　〈크다→크게〉   テレビの音をもう少し大きくしましょう。

　　지난 일요일에는 재미있게 놀았습니까?
　　〈재미있다→재미있게〉   先週の日曜日は楽しく遊びましたか。

　　최근엔 눈썹을 자연스럽게 그리는 게 유행이야.
　　〈자연스럽다→자연스럽게〉   最近は眉毛を自然に描くのが流行なの。

　　조용한 곳에서 편안하게 있고 싶어요.
　　〈편안하다→편안하게〉   静かな所でのんびりしたいです。

6. 르変則用言

語幹が르で終わる動詞と形容詞のほとんどは、後ろに「아 / 어母音」（아요 / 어요，아서 / 어서，았 / 었など）が続くと、르がなくなり、르の前の音節にㄹ받침が付きます。そして、後続の아は라に、어は러に変わります。
結果的に、르の前の音節が陽母音のときは陽母音が含まれているㄹ라に、르の前の音節が陰母音のときは陰母音が含まれているㄹ러に変わることになります。

例）

陽母音＋르	모르다(知らない)	모르＋아요 ⇒ 몰라요	모르＋았어요 ⇒ 몰랐어요
	빠르다(速い)	빠르＋아요 ⇒ 빨라요	빠르＋았어요 ⇒ 빨랐어요
陰母音＋르	부르다(満腹だ)	부르＋어요 ⇒ 불러요	부르＋었어요 ⇒ 불렀어요
	흐르다(流れる)	흐르＋어요 ⇒ 흘러요	흐르＋었어요 ⇒ 흘렀어요

연습 A

1. 친구가 선배를   소개해 주었어요.
   동생이 역까지   데려가 주었어요.
   선생님이 숙제를   고쳐 주셨어요.
   아저씨가 선물을   보내 주셨어요.

2. 아기에게 그림책을   읽어 주었어요.
   동생의 숙제를   봐 주었어요.
   할머니의 안경을   찾아 드렸어요.
   아버지한테 성적표를 보여   드렸어요.

3. 잠시   기다려   주세요. (=주시겠어요?)
   이사를   도와 주세요.
   자동차에   실어 주세요.
   앞머리를   잘라   주세요.

4. (제가) 과일을   깎아 드리겠어요. (=드릴까요?)
   주소를   가르쳐   드리겠어요.
   시내를   안내해   드리겠어요.
   잔돈으로   바꿔   드리겠어요.

5. 바람이   세게 불어요.
   케이크를   달게 만들어요.
   옷을   두껍게 입었어요.
   영화를   재미있게 봤어요.

14

45

연습 B

🔊 1. 예 : 과자를 사다 (할아버지) → 할아버지가 과자를 사 주셨어요.
36
   1) 문제를 설명하다 (선생님) →
   2) 터미널까지 데려가다 (친구) →
   3) 장갑을 짜다 (어머니) →
   4) 사진을 찍다 (후배) →

🔊 2. 예 : 길을 가르치다 (할머니)
37
   → 할머니에게 길을 가르쳐 드렸어요.
   1) 그림책을 읽다 (아이) →
   2) 사진을 보이다 (아저씨) →
   3) 과일을 깎다 (손님) →
   4) 생일 선물을 사다 (친구) →

🔊 3. 예 : 약도를 그리다 → 약도를 그려 드릴까요?
38
⇓ 1) 사과를 깎다 →
   2) 전화번호를 적다 →
   3) 창문을 열다 →
   4) 사진을 찍다 →

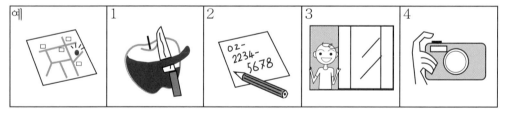

🔊 4. 예 : 문을 닫다 → 문을 닫아 주시겠어요?
39
   1) 내일도 오다 →
   2) 사진을 찍다 →
   3) 불을 켜다 →
   4) 천천히 말씀하다 →

◀ㄲ 5. 예 : 책을 복사하다 → 책을 복사해 드릴까요?
40   ——네, 책을 복사해 주세요.
  ⇓
      1) 편지를 읽다→
      2) 돈을 찾다→
      3) 사진을 보내다→
      4) 잔돈으로 바꾸다→

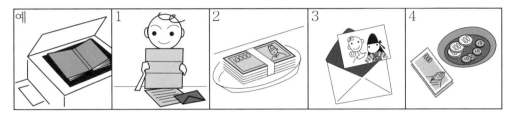

◀ㄲ 6. 예 : 얼굴이 빨갛다 (사과) → 얼굴이 사과처럼 빨개요.
41   1) 가을 날씨가 춥다 (겨울) →
      2) 눈이 맑다 (호수) →
      3) 어른이 울다 (어린아이) →
      4) 술을 마시다 (물) →

◀ㄲ 7. 예 : 케이크를 만들다 (달다) → 케이크를 달게 만들었어요.
42   1) 연극을 보다 (재미있다) →
      2) 아침에 일어나다 (늦다) →
      3) 꽃이 피다 (아름답다) →
      4) 길을 가르쳐 주다 (친절하다) →

14

제 15 과

1. 다음 역에서 내려서 갈아타세요.

2. 이가 너무 아파서 치과에 갔어요.

3. 날씨가 갑자기 추워졌어요.

4. 이 신발은 저한테 너무 크네요.

1. 새벽에 산에 가서 뭘 하세요?
   ——산에 가서 운동을 하고 물도 마십니다.

2. 어제 왜 학교에 안 왔어요?
   ——감기에 걸려서 결석했습니다.

3. 말씀이 너무 빨라서 잘 모르겠어요.
   ——그럼 천천히 다시 한 번 말씀해 드릴까요?

4. 집이 아주 깨끗해졌네요.
   ——어제 하루 종일 청소를 해서 깨끗해졌어요.

5. 여기 있던 안경이 없어졌어요.
   ——아까 서랍 속에 치웠어요.

6. 남자 친구와 헤어져서 슬퍼요.
   ——너무 슬퍼하지 마세요.

7. 미국에 유학 간 아들이 하루 종일 전화를 안 받아요.
   ——너무 걱정하지 마세요. 여행을 간 게 아닐까요?

基本文型

1. 次の駅で降りて乗り換えてください。

2. 歯があまりにも痛くて歯医者へ行きました。

3. 急に寒くなりました。

4. この靴は私には大きすぎますね。

例文

1. 明け方に山へ行って何をするんですか。
   ——山へ行って、運動をして、水も飲みます。

2. 昨日、どうして学校へ来なかったんですか。
   ——風邪を引いて欠席したんです。

3. お話が速すぎてよくわかりません。
   ——では、ゆっくりもう一度申し上げましょうか。

4. 家がとてもきれいになりましたね。
   ——昨日1日中掃除をしたので、きれいになったんです。

5. ここにあった眼鏡がなくなってしまいました。
   ——さっき引き出しの中にしまいましたよ。

6. 彼氏と別れて悲しいです。
   ——あまり悲しまないでください。

7. アメリカへ留学に行った息子が1日中電話に出ません。
   ——あまり心配しないでください。旅行に行ったのではないでしょうか。

15

45

지각

다나카 :　늦어서 죄송합니다.

과장 　:　무슨 일이 있었습니까?

다나카 :　오는 도중에 사고가 나서 늦었어요.

과장 　:　무슨 사고가 났지요?

다나카 :　지하철이 움직이지 않아서 한참 기다렸습니다.

과장 　:　연락이 없어서 다들 걱정을 했어요.

다나카 :　죄송합니다. 휴대폰을 집에 두고 나왔어요.

과장 　:　그래요? 어쨌든 아무 일도 없어서 다행이네요.
　　　　그럼 좀 늦어졌지만 회의를 시작할까요?

会話

遅刻

田中： 遅くなって申し訳ありません。

課長： 何かあったんですか。

田中： 来る途中で事故に遭って遅れました。

課長： 何の事故ですか。

田中： 地下鉄が動かなくなって、しばらく待たされました。

課長： 連絡がなくて、みんな心配しましたよ。

田中： すみません。携帯を家に忘れました。

課長： そうですか。とにかく何事もなくてよかったですね。

では、少し遅くなりましたが、会議を始めましょうか。

15

この課で学ぶ文法

1. 理由、根拠、先行する動作　〜아서 / 어서 / 여서 / (이)라서
2. 〜아지다 / 어지다 / 여지다 （〜くなる、〜になる）
3. 너무 〜 （あまり（にも）〜、〜すぎる）
4. 〜아하다 / 어하다 / 여하다 （〜がる）
5. 〜네요．（〜ですね。〜ますね。）

51

🔊 새로운 어휘　新しい語彙
46

갈아타다	乗り換える		드라마	ドラマ
걸리다	（病気に）かかる		씨름	シルム
결석하다	欠席する		힘	力、元気
치우다	片づける		결과	結果
헤어지다	別れる		합격	合格
걱정하다	心配する		양말	靴下
서다	止まる、立つ		커튼	カーテン
갖다 주다	持って行ってあげる		갑자기	急に、いきなり
들르다	寄る、立ち寄る		아까	ちょっと前、さっき
잠이 오다	眠気がさす		～ 동안	～の間、期間
버리다	捨てる		먼저	先に、まず
실망하다	失望する、がっかりする		또	また、もう一度
빨다	洗濯する		그래서	それで、だから
슬프다	悲しい		새 ～	新しい～、新～
불편하다	不便だ		헌 ～	古い～
부르다	満腹だ、膨れている		그만	そのくらいに(…する)、そのくらいで(やめる)
어둡다	暗い			
진하다	濃い		⋯⋯⋯⋯⋯⋯⋯⋯⋯	
가깝다	近い		지각	遅刻
더럽다	汚い、汚れている		죄송합니다. ((罪悚～.))	申し訳ありません。
새벽	夜明け、明け方		도중	途中
하루 종일 ((～終日))	一日中		사고가 나다	事故が起こる
포도 ((葡萄))	ぶどう		움직이다	動く
볼일	用事、用		한참	しばらく
날	日、日中		연락	連絡
집세 ((～貰))	家賃		다	皆、全部
아침	朝食		두다	置く
음악회	音楽会		나오다	出る、出てくる
이웃집	隣の家、隣近所		그래요?	そうですか
비누	石鹸		어쨌든	とにかく
치약 ((齒藥))	歯磨き粉		아무	何の、何かの、どんな
조깅	ジョギング		다행이다 ((多幸～))	幸いだ、幸運だ
동창회	同窓会		회의	会議

52

文法解説

1. 理由、根拠、先行する動作　～아서 / 어서 / 여서 /(이)라서

①用言の語幹に付いて、理由や根拠を表します。これらの連結語尾に続く後続文
　の終結語尾には、命令形や勧誘形は用いられません。

例）전문가가 아니어서(＝아니라서) 잘 모릅니다.

　　　　　　　　　　専門家ではないので、よくわかりません。

　　약속이 있어서 먼저 실례합니다.

　　　　　　　　　　約束があるので、お先に失礼します。

　　요즘 일이 많아서 좀 피곤해요.

　　　　　　　　　　最近仕事が多いので、ちょっと疲れています。

　　너무 많이 먹어서 배가 불러요.

　　　　　　　　　　たくさん食べすぎてお腹がいっぱいです。

②動詞の場合は、理由や根拠の他に、先行文の動作が後続文の動作より先に起こ
　り、互いに関連性を持っていることを表します。

例）면세점에 가서 기념품을 살까요?

　　　　　　　　　　免税店に行って記念品を買いましょうか。

　　전화해서 주소를 물어 볼까?

　　　　　　　　　　電話して住所を聞いてみようか。

　　한번 직접 오셔서 말씀을 해 보세요.

　　　　　　　　　　一度直接来られて、お話をなさってみてください。

　　친구를 만나서 영화를 봤어요.

　　　　　　　　　　友達に会って、(一緒に)映画を観ました。

～で	指定詞の語幹 ＋어서 〈母音＋이어서 ⇒ 여서〉/ 라서 〈母音＋이라서 ⇒ 라서〉		
～ので	存在詞の語幹 ＋어서
～して	形容詞の語幹 ＋아서 / 어서
～くて	動詞の語幹 ＋아서 / 어서
～したので	～하語幹 ＋여서 〈하여서 ＝ 해서〉
	補助語幹(으)시＋어서 〈(으)시어서 ＝ (으)셔서〉

※過去の補助語幹の았 / 었とは一緒に使えません。

15

2. ～아지다 / 어지다 / 여지다 (～くなる、～になる)

①状態を表す形容詞の語幹に付いて、状態の変化を表します。
②없어지다は「なくなる」の意味です。
　（～하여지다⇒～해지다）

例) ①한국어 발음이 점점 좋아지고 있네요.
　　　　　　　　　　韓国語の発音がだんだんよくなってきましたね。
　　주말부터는 차츰 추워지겠습니다.
　　　　　　　　週末からは少しずつ寒くなるでしょう。
　　하루 종일 청소를 해서 집이 깨끗해졌어요.
　　　　　　　　一日中掃除をしたので、家がきれいになりました。
　　②훌륭한 전통이 많이 없어졌어요.
　　　　　　　　すばらしい伝統がかなり失われてしまいました。

3. 너무 ～ (あまり（にも）～、～すぎる)

너무は、「あまり（にも）」「度を越して」という意味ですが、韓国語には「～すぎる」に相当する言い方がないため、「～すぎる」の代わりにも使われます。

例) 너무 맵지 않게 해 주세요.　　あまり辛くしないでください。
　　그 음악은 너무 시끄럽지요?　　その音楽はうるさすぎるでしょう？
　　설명이 너무 어려워요?　　説明が難しすぎますか。
　　여행 비용이 너무 많이 들었어요. 旅費があまりにも多くかかりました。
　　저는 한국 음식을 너무 좋아해요. 私は韓国の食べ物があまりにも好きです。
　　　　　　　　　　　　　　＝大好きです。

4. ～아하다 / 어하다 / 여하다 (～がる)

主に感情の意を表す形容詞の語幹に付いて、その形容詞が表す感情を持つという動作を表します。第11課で学んだ、싶어하다、좋아하다、싫어하다も、それぞれ、싶다、좋다、싫다の語幹에아 / 어하다が付いた形になります。(～하여하다⇒～해하다)

例)

規則	ㅂ変則
좋다→좋아하다 好きだ	춥다→추워하다 寒がる
싫다→싫어하다 嫌いだ、嫌がる	밉다→미워하다 憎む

으変則	～하다
기쁘다→기뻐하다 うれしがる	쓸쓸하다→쓸쓸해하다 寂しがる
아프다→아파하다 痛がる	불안하다→불안해하다 不安がる

15

5. 〜네요. （〜ですね。〜ますね。）

〜네요.は〜아요./〜어요.や〜ㅂ니다./〜습니다.などの終結語尾より柔らかく、やや控えめな表現で、会話でよく使われます。補助語幹を含む全ての語幹の後ろに直接付けて使い、ㄹ語幹の場合はㄹが脱落します。

例） 存在詞　：그 사람들은 유머가 있네요. その人たちはユーモアがありますね。

指定詞　：아주 재미있는 사람이네요. とても面白い人ですね。

形容詞　：역이 아주 머네요. 駅がとても遠いですね。

動詞　　：뜨거운 것도 잘 먹네요. 熱いものもよく食べますね。

〜았/었：중계방송이 벌써 끝났네요. 中継放送はもう終わりましたね。

〜(으)시：한글을 잘 쓰시네요. ハングルを上手に書きますね。

〜겠　　：오늘도 상당히 덥겠네요. 今日も相当暑くなりそうですね。

연습 A

1. 한국에 　와서　 한국말 공부를 시작했어요.
   벤치에 　앉아서　 쉴까요?
   1시간 동안 서서 　기다렸어요.
   포도를 　씻어서　 먹어요.

2. 일이 　바빠서　 늦었어요.
   역이 　멀어서　 불편합니다.
   볼일이 　있어서　 먼저 실례합니다.
   많이 　먹어서　 배가 불러요.

3. 외국 사람 　이라서　 길을 잘 몰라요.
   좋은 영화 　라서　 또 봤어요.
   백화점이 　아니라서　 물건이 별로 없네요.

4. 옷이 　작아졌어요.
   값이 　싸졌어요.
   날씨가 　더워졌어요.
   날이 　어두워졌어요.

5. 언니가 동생을 아주 예뻐해요.
   학생들이 선생님을 무서워해요.
   외국에서 살고 　싶어해요.

6. 커피가 너무 진해요.
   문제가 너무 어려워요.
   집세가 너무 비싸요.
   밥을 　너무 많이 먹었어요.

연습 B

🔊 1. 예 : 아침 10시에 일어나다 / 늦은 아침을 먹었다
47
      → 아침 10시에 일어나서 늦은 아침을 먹었어요.

  1) 오늘 친구를 만나다 / 같이 음악회에 가다 →

  2) 사과를 깎다 / 손님한테 드렸다 →

  3) 과자를 만들다 / 이웃집에 갖다 주었다 →

  4) 가게에 들르다 / 비누하고 치약을 샀다 →

🔊 2. 예 : 은행에 가다 / 뭘 했어요?
48
⇓
      → 은행에 가서 뭘 했어요?
         ——은행에 가서 돈을 찾았어요.

  1) 아침 일찍 일어나다 / 뭘 해요? →

  2) 동창회에 가다 / 누구를 만났어요? →

  3) 도서관에 들르다 / 뭘 했어요? →

  4) 일본에 오다 / 어디를 구경했어요? →

예 ᐃᐃ은행	1	2 ○○○○○ 동창회	3 도서관	4
돈을 찾다	조깅을 하다	선생님을 만나다	그림책을 빌리다	후지산을 구경하다

🔊 3. 예 : 슈퍼가 가깝습니다. / 그래서 편리해요.
49
     → 슈퍼가 가까워서 편리해요.

  1) 값이 비쌉니다. / 그래서 안 샀어요. →

  2) 드라마를 좋아합니다. / 그래서 매일 밤 텔레비전을 봐요. →

  3) 불고기가 맛있습니다. / 그래서 많이 먹었어요. →

  4) 시간이 없습니다. / 그래서 택시로 갔어요. →

  5) 잠이 옵니다. / 그래서 커피를 한 잔 마셨어요. →

🔊 4. 예 : 이건 새 책이다 / 그래서 깨끗하다
50
　　　　　→ 이건 새 책이라서 깨끗해요.

　　1) 이건 헌 옷이다 / 그래서 버리고 싶다 →

　　2) 저 사람은 씨름 선수다 / 그래서 힘이 세다 →

　　3) 결과가 합격이 아니다 / 그래서 실망했다 →

　　4) 오늘은 휴일이다 / 그래서 가게들이 문을 닫았다 →

🔊 5. 예 : 날씨가 춥다 → 날씨가 추워졌어요.
51
⇓　　1) 값이 싸다 →

　　2) 날이 어둡다 →

　　3) 양말이 깨끗하다 →

　　4) 옷이 작다 →

🔊 6. 예 : 커튼이 더럽다 / 빨았어요.
52
　　　　　→ 커튼이 너무 더러워서 빨았어요.

　　1) 술을 마시다 / 머리가 아파요. →

　　2) 설탕을 많이 넣다 / 달아요. →

　　3) 영화가 슬프다 / 울었어요. →

　　4) 배가 부르다 / 그만 먹겠어요. →

15

제 16과

🔊 기본 문형

1. 비행기 표를 예약할 수 있습니다.

2. 전철에 사람이 많아서 못 앉았어요.

3. 저는 운전을 할 줄 몰라요.

4. 다나카 씨는 한국말을 잘합니다.

🔊 예문

1. 그 사람의 행동을 이해할 수 있어요?
   ──아뇨, 전혀 이해할 수 없어요.

2. 이 신용 카드 쓸 수 있어요?
   ──죄송하지만, 현금으로 내 주시겠어요?

3. 오늘 아침 드셨어요?
   ──시간이 없어서 못 먹었어요.

4. 운전 할 줄 알아요?
   ──아직 서투르지만 할 수는 있어요.

5. 휴대폰으로 국제 전화를 걸 줄 알아요?
   ──걸 줄 모르는데 가르쳐 주시겠어요?

6. 기무라 씨는 한국말을 잘해요?
   ──네, 한국에 오래 살아서 한국말을 잘해요.

7. 노래 한 곡 부르세요.
   ──전 노래를 잘 못합니다.

基本文型

1. 飛行機のチケットが予約できます。

2. 電車の中に人がたくさんいて、座れませんでした。

3. 私は運転ができません。

4. 田中さんは韓国語が上手です。

例文

1. あの人の行動が理解できますか。
   ——いいえ、全く理解できません。

2. このクレジットカード、使えますか。
   ——申し訳ありませんが、現金で払っていただけますか。

3. 今日、朝ご飯は召し上がりましたか。
   ——時間がなくて、食べられませんでした。

4. 運転できますか。
   ——まだ下手ですが、できることはできます。

5. 携帯電話で国際電話をかける方法を知っていますか。
   ——かけ方を知らないんで、教えていただけますか。

6. 木村さんは韓国語が上手ですか。
   ——はい、韓国に長く住んでいるので、韓国語が上手です。

7. 歌を1曲歌ってください。
   ——私は歌が下手なんです。

16

🔊 회화

거절

박성미 : 지난번 한민철 씨 환영회에 안 오셨지요?

다나카 : 갑자기 급한 일이 생겨서 못 갔어요.
　　　　많이들 왔어요?

박성미 : 네, 한 스무 명쯤 모였어요.
　　　　그런데 오늘 퇴근 후에 회사 사람들하고 노래방에 가는데
　　　　같이 안 가시겠어요?

다나카 : 전 노래를 못해서 노래방에는 잘 안 가요.

박성미 : 저도 음치지만 남의 노래 듣는 것도 재미있잖아요.

다나카 : 실은 목이 아파서 일찍 집에 가서 쉬고 싶어요.

박성미 : 왜 목이 아프지요? 감기에 걸렸어요?

다나카 : 실은 어제 저녁에 노래방에서 노래를 너무 많이 불러서
　　　　그래요.

박성미 : ……?

会話

断り

朴聖美^{パクソンミ}： この間、韓民哲^{ハンミンチョル}さんの歓迎会にいらっしゃいませんでしたね。

田中 ： 突然急用ができたので、行けませんでした。

　　　　　大勢来ましたか。

朴聖美^{パクソンミ}： はい、20人くらい集まりました。

　　　　　ところで、今日仕事が終わった後、会社の人達とカラオケボックスに

　　　　　行くんですが、一緒に行きませんか。

田中 ： 私は歌が下手なので、カラオケにはあまり行きません。

朴聖美^{パクソンミ}： 私も音痴だけど、人の歌を聴くのも面白いじゃないですか。

田中 ： 実は喉が痛くて、早く家に帰って休みたいんです。

朴聖美^{パクソンミ}： どうして喉が痛いのかしら。風邪を引いたんですか。

田中 ： 実はゆうべカラオケで歌を歌いすぎたからなんですよ。

朴聖美^{パクソンミ}： ……？

16

この課で学ぶ文法

1. 可能・不可能の表現①～ㄹ/을 수 있다, ～ㄹ/을 수 없다

2. 可能・不可能の表現②～ㄹ/을 줄 알다, ～ㄹ/을 줄 모르다

3. 不可能形　못 ～/～지 못하다（～できない）

4. ①～를/을 잘＋動詞（～（すること）が上手だ）

　　②～를/을 못＋動詞（～（すること）が下手だ／できない）

　　③～를/을 잘 못＋動詞（～（すること）がうまくできない）

5. ㅅ（시옷）変則

예약하다	<u>予約</u>する	글씨	字、文字の書き方
이해하다	<u>理解</u>する	요리	<u>料理</u>
내다	支払う、出す	말	言語
드시다	召し上がる	전차	<u>電車</u>
부르다	歌う	올림픽	オリンピック
못하다	下手だ、できない	경기장	<u>競技場</u>
지불하다	<u>支払</u>う	상자 ((箱子))	箱
깎다	値切る	공항	<u>空港</u>
잇다	結ぶ、継ぐ	엔	円
타다	滑る	달	月
젓다	漕ぐ	미터	メートル
치다	弾く	외국어	<u>外国語</u>
추다	踊る	러시아	ロシア
포장하다	<u>包装</u>する	~어	<u>~語</u>
대출하다	<u>貸し出</u>す	자리	席、座席
주차하다	<u>駐車</u>する	인터넷	インターネット
헤엄치다	泳ぐ	프랑스	フランス
달다	（ボタンを）付ける、	단추	ボタン
	取り付ける	전혀	<u>全然</u>、全く
외우다	覚える、暗記する	아직	まだ
서투르다	下手だ、未熟だ	오래	長く、永らく
행동	<u>行動</u>	얼마 동안	どのくらい（の間）
현금	<u>現金</u>		
국제	<u>国際</u>	거절	<u>拒絶</u>、断り
~곡	<u>~曲</u>	지난번 ((~番))	この間、先ごろ
달러	ドル	환영회	<u>歓迎会</u>
바지	ズボン	급하다	<u>急</u>だ、急いでいる
선	<u>線</u>	생기다	できる、生じる
한자	<u>漢字</u>	한 ~	およそ、だいたい
닭	<u>鶏</u>	모이다	集まる
녹차	<u>緑茶</u>	후	<u>後</u>
스키	スキー	노래방 ((~房))	カラオケボックス
한글	ハングル	음치	<u>音痴</u>
배	船	남	他人、人
피아노	ピアノ	재미있잖아요.	面白いじゃないですか。
춤	踊り	실은	<u>実</u>は

文法解説

1. 可能・不可能の表現①〜ㄹ/을 수 있다, 〜ㄹ/을 수 없다

뭔가 좋은 수가 없을까?　　　何かいい方法ないかな。

아! 좋은 수가 있다.　　　あ！　いい考えがある。

수は「方法、手段、すべ」、さらに「考え、アイディア」などとも訳せる形式名詞です。動詞の未来連体形の後ろに수を入れると「〜する（ための）方法、手段、アイディア」という意味になり、それらがある（있다）と表現すれば「可能」、ない（없다）と表現すれば「不可能」の表現になります。

動詞	母音語幹　　　　　＋ㄹ 수	
	ㄹ語幹（脱落）＋ㄹ 수	있다 (可能) / 없다 (不可能)
	子音語幹　　　　　＋을 수	

例) 좀 어렵지만 이해할 수 있지요? 少し難しいけど、理解できますよね？

혼자서는 보고서를 만들 수 없어요.

　　　　　　　　　　　　　一人では報告書を作れません。

그 가게를 찾을 수 있을까요? その店を見つけられるんでしょうか。

내일 이사를 도울 수 없어요? 明日引っ越しを手伝えませんか。

새 뉴스를 들을 수 있었어요. 新しいニュースを聞くことができました。

2. 可能・不可能の表現② ～ㄹ/을 줄 알다, ～ㄹ/을 줄 모르다

動詞の未来連体形～ㄹ/을の後ろに줄 알다 (知っている、わかる)、もしくは줄 모르다 (知らない、わからない) を付けると、ある行為の方法を知っているかどうかや能力があるかないかを示すという意味での可能・不可能の表現になります。ここでの줄も1の수とほぼ同じ意味 (方法、すべ、手段など) の形式名詞です。

動詞	母音語幹　　　　＋ㄹ 줄	
	ㄹ語幹 (脱落) ＋ㄹ 줄	알다 (可能) / 모르다 (不可能)
	子音語幹　　　　＋을 줄	

例) 오토바이를 탈 줄 알아요?　　바이クに乗れますか。
　　——아니요, 탈 줄 몰라요.　　——いいえ、乗れません。
　　김치를 만들 줄 알아요?　　キムチが作れますか。
　　——아니요, 만들 줄 몰라요.　——いいえ、作れません。
　　사전을 찾을 줄 알아요?　　辞書が引けますか。
　　——네, 물론 찾을 줄 알아요.　——はい、もちろん引けます。

※1と2の使い分け
1. 그 사람을 잊을 수 있어요?　○彼を忘れられますか。
2. 그 사람을 잊을 줄 알아요?　×彼を忘れる能力がありますか。
2は方法や能力の意味になるので、通常使えない表現です。

3. 不可能形　못 ～ / ～지 못하다 (～できない)

不可能形は、用言の前に못を入れたり（前置不可能形）、語幹の後ろに지 못하다を付けたり（後置不可能形）して作る方法があります。

		前置不可能形 못 ～	後置不可能形 ～ 지 못하다
가다	行く	못 가다	가지 못하다
울다	泣く	못 울다	울지 못하다
웃다	笑う	못 웃다	웃지 못하다
대답하다	答える	대답 못 하다	대답하지 못하다
연락하다	連絡する	연락 못 하다	연락하지 못하다

※『新・韓国語レッスン初級』第5課の否定形を参照

4. ①～를 / 을 잘＋動詞 (～ (すること) が上手だ)
　②～를 / 을 못＋動詞 (～ (すること) が下手だ／できない)
　③～를 / 을 잘 못＋動詞 (～ (すること) がうまくできない)

①は「～が上手だ」という意味が基本ですが、「～ (すること) が好きで、よくやる」という意味として使われることもあります。③の表現には「一応はできるが、うまくはない」というニュアンスが含まれています。これらの表現には、日本語の「が」にあたる助詞として「를/을」を用いることに気をつけてください。

例) 영수 씨도 일본말을　　　　英秀さんも日本語がお上手でしょう？
　　잘하시지요?
　　——아니에요, 저는 아직　　——いいえ、私はまだまだです。
　　　　멀었어요.
　　한국 요리도 잘하십니까?　　韓国料理もお上手ですか。
　　——한국 요리는 아직 잘 못　　——韓国料理はまだうまく作れません。
　　　　만들어요.
　　미나 씨는 테니스를 잘 쳐요?　美奈さんはテニスがうまいですか。
　　——아뇨, 전 전혀 못 쳐요.　　——いいえ、私は全くできません。

67

5. ㅅ (시옷) 変則

語幹がㅅで終わる用言の中には、後ろに母音が続くとㅅが脱落するものがあります。そのほとんどは動詞で、形容詞の例は낫다（優れている、勝っている、いい）くらいです。

例）

	区分	~아요 / 어요	~았 / 었어요	~ (으) ㄹ까요?
規則	웃다 (笑う)	웃어요	웃었어요	웃을까요?
変則	낫다 (治る) 짓다 (作る)	나아요 지어요	나았어요 지었어요	나을까요? 지을까요?

規則：벗다 (脱ぐ)、빗다 (梳く)、빼앗다 (奪う)、솟다 (そびえる)、씻다 (洗う)
変則：긋다 (引く)、붓다 (注ぐ)、잇다 (継ぐ)、젓다 (漕ぐ)

연습 A

1. 달러로 　　　　지불할 수 있어요. (↔없어요)
   혼자서 　　　　찾아갈 수 있어요.
   값을 　　　　　깎을 수 있어요.
   이 바지는 물로 　빨 수 있어요.
   선으로 　　　　이을 수 있어요.

2. 우리 아이는 한자를 못 읽어요. (= 읽지 못해요)
   　　　　　닭고기를 못 먹어요. (= 먹지 못해요)
   　　　　　녹차를 못 마셔요. (= 마시지 못해요)

3. 운전을 　할 줄 알아요. (↔몰라요)
   스키를 　탈 줄 알아요.
   한글을 읽을 줄 알아요.
   배를 　저을 줄 알아요.

4. 야마다 씨는 노래를 　　잘해요.
   　　　　　그림을 　　　잘 그려요.
   　　　　　피아노를 　　잘 쳐요.
   　　　　　매운 음식을 　잘 먹어요.

5. 저는 춤을 　잘 못 춰요.
   　　글씨를 　잘 못 써요.
   　　요리를 　잘 못해요.
   　　일본말을 잘 못해요.

16

연습 B

🔊 1. 예 : 신용카드로 전차표를 사요.

57
　　　　→ 신용카드로 전차표를 살 수 있어요?

　　　　　　──A) 네, 신용카드로 전차표를 살 수 있어요.

　　　　　　　　B) 아뇨, 신용카드로 전차표를 살 수 없어요.

　　1) 지하철로 올림픽 경기장까지 가요. →

　　2) 이 상자를 예쁘게 포장해요. →

　　3) 공항에서 엔으로 바꿔요. →

　　4) 도서관에서 잡지를 대출해요. →

🔊 2. 예 : 언제 다시 만납니까? (다음달)

58
　　　　→ 언제 다시 만날 수 있어요?

　　　　　　──다음달에 다시 만날 수 있어요.

　　1) 얼마 동안 책을 빌립니까? (2주일 동안) →

　　2) 몇 시까지 차를 주차합니까? (밤 11시) →

　　3) 몇 미터쯤 헤엄칩니까? (50미터쯤) →

　　4) 무슨 외국어를 합니까? (러시아어) →

🔊 3. 예 : 김치를 먹다 → 김치를 먹을 수 있어요?

59
⇩　　　　　　　　　　　　──매워서 못 먹어요.

　　1) 자리에 앉다 →

　　2) 차를 사다 →

　　3) 신문을 읽다 →

　　4) 혼자서 찾아가다 →

예	1	2	3	4
맵다	사람이 많다	돈이 없다	한자가 어렵다	길을 모르다

🔊 4. 예 : 스키를 타요. → 스키를 탈 줄 알아요?

60
                           ——A) 네, 탈 줄 알아요.

                             B) 아뇨, 탈 줄 몰라요.

1) 은행에서 돈을 찾아요. →

2) 인터넷으로 비행기 표를 예약해요. →

3) 프랑스 요리를 만들어요. →

4) 옷에 단추를 달아요. →

🔊 5. 예 : 피아노를 치다 → 피아노를 잘 쳐요?

61
                       ——아뇨, 잘 못 쳐요.

1) 글씨를 쓰다 →

2) 자전거를 타다 →

3) 영어 단어를 외우다 →

4) 꽃꽂이를 하다 →

🔊 6. 예1 : → 춤을 아주 잘 춰요.

62
⇓   예2 : → 노래를 잘 못해요.

1) →

2) →

3) →

4) →

제 17 과

◀) 기본 문형

1. 피곤해서 그만 잘래요.

2. 백화점은 아마 10시에 문을 열 거예요.

3. 오후에 가면 만날 수 있어요.

4. 시간이 없으니까 택시를 탑시다.

◀) 예문

1. 맥주 한 잔 더 드실래요?
   ——더 마시고 싶지만 참을래요.

2. 이 바지 저한테 맞을까요?
   ——손님한테는 좀 짧을 거예요.

3. 만약 복권에 당첨되면 뭘 하실 거예요?
   ——세계 일주를 할래요.

4. 늦으면 전화해 주세요.
   ——약속 시간에 갈 수 있을 거예요.

5. 어디에 가면 판소리를 감상할 수 있어요?
   ——국립 극장에 가면 감상할 수 있을 거예요.

6. 다 모일 때까지 기다릴까요?
   ——배가 고프니까 먼저 먹읍시다.

7. 오늘은 바깥 날씨가 어때요?
   ——추우니까 옷을 많이 입고 나가세요.

基本文型

1. 疲れたので、もう寝ます。

2. デパートはたぶん10時に開店するでしょう。

3. 午後に行けば、会えます。

4. 時間がないから、タクシーに乗りましょう。

例文

1. ビールをもう一杯飲みますか。
   ——もっと飲みたいけど、我慢します。

2. このズボンは私に合うでしょうか。
   ——お客様にはちょっと短いと思います。

3. もしも宝くじに当たったら、何をするつもりですか。
   ——世界一周をします。

4. 遅れたら電話してください。
   ——約束の時間に行けると思います。

5. どこへ行けば、パンソリが鑑賞できますか。
   ——国立劇場へ行けば、鑑賞できると思います。

6. みんな集まるまで待ちましょうか。
   ——お腹がすいたから、先に食べましょう。

7. 今日、外の天気はどうですか。
   ——寒いから、服をたくさん着て出かけてください。

17

길 설명

배달원 : 여기 국제 전기인데요, 박성미 씨 댁입니까?

박성미 : 네, 그런데요.

배달원 : 며칠 전에 저희 가게에 세탁기 주문하셨죠?
오늘 배달해 드리겠습니다.

박성미 : 언제쯤 오실 거예요?

배달원 : 아마 오후 세 시쯤이 될 거예요.
그런데 가는 길 좀 가르쳐 주시겠어요?

박성미 : 신촌 로터리에서 연대 쪽으로 한 50미터쯤 가면 왼쪽에
안경 가게가 있으니까, 그 골목으로 들어오세요.

배달원 : 골목에 차가 들어갈 수 있습니까?

박성미 : 네. 들어오면 오른쪽에 과일 가게가 있는데요, 그 다음다음
집이에요.

배달원 : 네, 잘 알았습니다.

会話

道の説明

配達員：	国際電気ですが、朴聖美_{パクソンミ}さんのお宅でしょうか。
朴聖美_{パクソンミ}：	はい、そうですが。
配達員：	何日か前に私どもの店で洗濯機をご注文なさいましたね。
	今日配達に伺います。
朴聖美_{パクソンミ}：	いつごろいらっしゃる予定ですか。
配達員：	たぶん午後3時ごろになると思います。
	ところで（行く）道を教えていただけますか。
朴聖美_{パクソンミ}：	新村_{シンチョン}ロータリーから延世_{ヨンセ}大学の方へ約50メートルくらい行くと、左
	側に眼鏡屋があるので、その路地へ入ってください。
配達員：	路地に車は入れますか。
朴聖美_{パクソンミ}：	はい。入ると右側に果物屋があって、その次の次の家です。
配達員：	はい、よくわかりました。

17

この課で学ぶ文法

1. 〜ㄹ래요 / 을래요. （〜するつもりです。）
   〜ㄹ래요 / 을래요? （〜するつもりですか。）

2. 〜ㄹ / 을 거예요. （〜するつもりです。〜でしょう。）
   〜ㄹ / 을 거예요? （〜するつもりですか。）

3. 〜면 / 으면 （〜すれば、〜ければ、〜だったら）

4. 〜니까 / 으니까 （①〜から、〜ので　②〜すると、〜たら）

🔊 새로운 어휘　新しい語彙

66

참다	我慢する、こらえる	내리다	下がる
맞다	ぴったり合う、	키우다	育てる、飼う
	ふさわしい	짓다	（名前を）つける、
당첨되다	当たる		作る
((當籤〜))		당기다	引く、引っ張る
감상하다	<u>鑑賞</u>する	열리다	開かれる、開く

돌리다	回す	먼지	ほこり、ごみ
돌다	回る、曲がる	주	週
돌아가다	帰る	클래식	クラシック音楽
이기다	勝つ	송별회	送別会
취직하다	就職する	시합	試合
묵다	泊まる	영국	英国、イギリス
보내다	行かせる	증권	証券
누르다	押す、押さえる	호텔	ホテル
수리하다	修理する	버튼	ボタン
찾아오다	訪ねて来る	거스름돈	お釣り
	探して来る	주차장	駐車場
갖다	持つ	글자 ((~字))	字、文字
중지되다	中止される、	에어컨	エアコン
	中止になる	충치	虫歯
도착하다	到着する	교외	郊外
정직하다	正直だ	드라이브	ドライブ
편하다 ((便~))	気楽だ、便利だ	짐	荷物
복권 ((福券))	宝くじ	택배	宅配
세계 일주	世界一周	아마	恐らく、たぶん
판소리	パンソリ（語り物に	더	もっと、さらに
	節をつけて歌う韓国	열심히	一生懸命、熱心に
	の伝統芸能）	만약 ((萬若))	万一、もしも
극장	劇場、映画館	....	
바깥	外、表	배달원	配達員
삼계탕	蔘鷄湯（若鶏に朝鮮	전기	電気
	人参などを詰めて煮	댁	お宅、ご自宅
	込んだ料理）	며칠	数日、何日
치마	スカート	저희	私ども
생각 ((生覺))	考え	세탁기	洗濯機
따님	お嬢さん、娘さん	주문하다	注文する
이름	名前	배달하다	配達する
손잡이	取っ手、つまみ	로터리	ロータリー
수도꼭지	水道の栓	연대	延世大学
신호	信号	~쪽	~方、~側
집	店	골목	路地、横町

文法解説

1. ～ㄹ래요/을래요. (～するつもりです。)
   ～ㄹ래요/을래요? (～するつもりですか。)

動詞や存在詞있다の語幹に付いて、これからどうするつもりなのかという主語の意図を表します。その際、主語は一人称であれば叙述文、二人称なら疑問文になります。この終結語尾の形から요を除くとぞんざいな表現になり、尊敬の意を表す補助語幹시/으시 (第9課) と一緒に使うとより丁寧な表現になります。

母音語幹	+ ㄹ래요. / ㄹ래요?
ㄹ語幹（脱落）	+ ㄹ래요. / ㄹ래요?
子音語幹	+ 을래요. / 을래요?

例) 어디서 기다릴래?　　　　　　どこで待つ？

　　──역 개찰구 앞에서 기다릴래요.

　　　　　　　　　　　　　　──駅の改札口の前で待ちます。

　　정년 퇴직 후에는 어디서 살래요?

　　　　　　　　　　　　　　定年退職後はどこに住むつもりですか。

　　──조용한 시골에서 살래.　──静かな田舎に住むよ。

　　여권 사진은 언제 찍을래요?　パスポートの写真はいつ撮るつもりで

　　　　　　　　　　　　　　　すか。

　　──내일 찍을래요.　　　　──明日撮ります。

　　술은 뭘로 하실래요?　　　お飲み物（お酒）は何になさいますか。

　　──우선 맥주로 할래요.　　──とりあえずビールにします。

※この表現に関しては、次の～ㄹ/을 거예요や第10課（『新・韓国語レッスン初級』）の겠、および、第21課の～려고/으려고 하다も参照してください。

2. ～ㄹ/을 거예요. (～するつもりです。～でしょう。)
　　～ㄹ/을 거예요? (～するつもりですか。)

これは、～ㄹ/을 것입니다./것입니까?が縮約され柔らかくなった会話体の表現です。ここでの ㄹ/을 것は意志・推量の補助語幹겠とほぼ同じ機能を持っていますが、겠が主観性が強いのに対し、こちらの表現は「客観性の強い意志や推量」を表します。また、거예요の部分を거야./거야?にするとぞんざいな表現になります。거は［꺼］と発音します。
この表現は、主語の人称によって用法が変わります。

区分		叙述文	疑問文
主語	1人称	話し手の意志・推量を表す	なし
	2人称	話し手の推量を表す	主語の意志を尋ねる
	3人称	話し手の推量を表す	ある事実に対する聞き手の推量・知識を尋ねる

例) 오늘은 피곤해서 일찍 잘 거야. 今日は疲れたから、早く寝る。
　　그 시간에는 집에 있을 거예요. その時間には家にいるでしょう。
　　그건 당신도 잘 알 거예요.　　 それはあなたもよく知っているでしょう。
　　이번 연휴엔 어디 가실 거예요?

　　　　　　　　　　　　　　　　今度の連休にはどこへ行かれますか。

　　백화점보다는 훨씬 쌀 거야.　デパートよりははるかに安いだろう。

3. ～면 / 으면 （～すれば、～ければ、～だったら）

後ろに続く文の動作や状態がなされるための前提条件を表す「仮定」の表現です。

仮定	母音・ㄹ語幹 ＋	면
	子音語幹 ＋	으면

例） 한국에 오시면 꼭 연락하세요. 　　韓国にいらっしゃったら、必ずご連絡ください。

돈을 많이 벌면 뭘 할래? 　　　　　お金をたくさん稼いだら、何をするつもり？

신용 카드가 있으면 편리해? 　　　　クレジットカードがあると、便利なの？

지금 떠나지 않으면 늦을 거예요. 　今出発しないと、遅れると思います。

길을 찾지 못하면 전화하세요. 　　　道がわからなかったら、お電話ください。

만 원이면 충분할 거예요. 　　　　　1万ウォンもあれば、十分でしょう。

17

4. ～니까/으니까 (①～から、～ので ②～すると、～たら)

※この項目を学習する前に第15課文法解説1の～아서/어서/여서/(이)라서をもう一度復習しておきましょう。

①先行文の用言の語幹に付いて、それが後続文の「理由や原因」になることを表します。このとき～니까/으니까の前に過去補助語幹았/었を使うことはできますが、未来・推量を表すとき、겠は使えず～ㄹ/을 테니까 (第21課) を用います。

②先行文の用言の語幹に付いて、後続文の動作や状況の前置きになることもあります。このとき先行文の主語は話し手であり、ほとんどの場合、後続文の主語とは異なります。

例) ①

모처럼의 휴일이니까 집에서 쉴래.

　　　　　　　　　せっかくの休日だから、家でのんびりする。

시간이 없으니까 어서 합시다. 時間がないので、早くしましょう。

아기가 우니까 안아 주세요.　赤ちゃんが泣いてるので、抱いてあげてください。

너무 비싸니까 좀 깎아 주세요. 高すぎるので、少し負けてください。

전화를 했으니까 연락이 올 거예요.

　　　　　　　　　電話をしたから、連絡が来るでしょう。

例) ②

눈을 떠 보니까 꿈이었어요.　目が覚めたら、夢でした。

창문을 여니까 눈이 내리고 있었어요.

　　　　　　　　　窓を開けたら、雪が降っていました。

막상 누우니까 잠이 안 오네요. いざ横になると、なかなか眠れませんね。

아서/어서/여서/(이)라서	니까/으니까
一般的な原因を表すことが多い	理由を明確にしたいときに使う
普通、았/었とは一緒に使えない	았/었と一緒に使える
後ろに고맙다、감사하다、미안하다、죄송하다を付けて使える	普通、後ろに고맙다、감사하다、미안하다、죄송하다は使えない
後続文の終結語尾としてㄹ/을까요?、ㅂ/읍시다、(으)세요などの勧誘形や命令形は使えない	後続文の終結語尾としてㄹ/을까요?、ㅂ/읍시다、(으)세요などの勧誘形や命令形もよく使う

연습 A

1.　머리를 짧게　　자를래요.
　　그 신문 좀 보여 주실래요?
　　삼계탕을　　　먹을래요.
　　춥지만 치마를　입을래요.

2.　내일은 아마　　　　　바쁠 거예요.
　　약을 먹으면 열이　　내릴 거예요.
　　극장에 사람이　　　많을 거예요.
　　제 생각을 이해할 수 없을 거예요.

3.　(저는)　　다음달에 회사를　　그만둘 거예요.
　　(저는)　　정직한 아이로　　　키울 거예요.
　　(저는)　　내일부터 담배를　　끊을 거예요.
　　(당신은) 따님 이름을 뭐라고　지을 거예요?

4.　손잡이를　　　　　　　당기면　문이 열려요.
　　수도꼭지를 오른쪽으로 돌리면　물이 나와요.
　　신호에서 왼쪽으로　　　돌면　병원이 보여요.
　　시간이　　　　　　　　없으면 오지 마세요.
　　신용카드가　　　　　　있으면 아주 편해요.

5.　이 집은 물건값이　비싸니까　사지 마세요.
　　먼지가　　　　　많으니까 창문을 열어 주세요.
　　날씨가　　　　　추우니까 일찍 돌아갑시다.
　　열심히　　　　공부했으니까 합격할 거예요.
　　늦게　　　　　왔으니까 점심 값을 내세요.

17

연습 B

🔊 1. 예 : 뭘 드실래요?
67
⇓　　　　　→ 삼계탕을 먹을래요.

1) 누구한테서 DVD를 빌리실래요? →

2) 사진을 몇 장 찍으실래요? →

3) 언제 예약하러 가실래요? →

4) 어떤 음악을 들으실래요? →

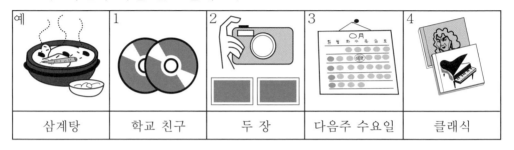

예	1	2	3	4
삼계탕	학교 친구	두 장	다음주 수요일	클래식

🔊 2. 예 : 그 친구는 송별회에 와요? (아뇨)
68
　　　　→ 아뇨, 아마 안 올 거예요.

1) 역까지 30분에 갈 수 있어요? (네) →

2) 축구 시합에서 이길까요? (네) →

3) 그 사람은 영국 사람이에요? (아뇨) →

4) 어머니는 운전할 줄 알아요? (아뇨) →

🔊 3. 예 : 어떤 회사에 취직하다 (증권회사)
69
　　　　→ 어떤 회사에 취직할 거예요?
　　　　　　──증권회사에 취직할 거예요.

1) 일본 돈을 얼마 바꾸다 (20만엔) →

2) 그 호텔에 며칠 동안 묵다 (하루) →

3) 따님 이름은 뭐라고 짓다 (수미) →

4) 유학을 어디로 보내다 (독일) →

◀)) 4.　예 : 버튼을 누르다 / 거스름돈이 나오다
70
　　⇩　　　→ 버튼을 누르면 거스름돈이 나와요.

　　1) 손잡이를 당기다 / 문이 열리다 →

　　2) 신호에서 오른쪽으로 돌다 / 왼쪽에 주차장이 있다 →

　　3) 수도꼭지를 왼쪽으로 돌리다 / 물이 나오다 →

　　4) 안경을 안 쓰다 / 글자가 잘 안 보이다 →

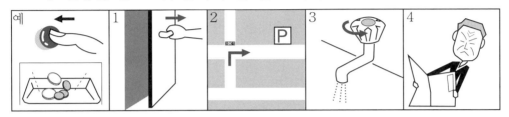

◀)) 5.　예 : 방이 어둡다 / 불을 켜세요.
71
　　　　　→ 방이 어두우니까 불을 켜세요.

　　1) 수업이 없는 날이다 / 학교에 안 올 거예요. →

　　2) 에어컨을 수리하러 오다 / 밖에 나갈 수 없어요. →

　　3) 충치가 생기다 / 단 것을 안 먹을래요. →

　　4) 날씨가 좋다 / 교외로 드라이브 갑시다. →

17

◀)) 6.　예 : 감기가 나을까요? (약을 먹었다)
72
　　　　　→ 약을 먹었으니까 감기가 나을 거예요.

　　1) 길을 잘 찾아올까요? (약도를 갖고 있다) →

　　2) 야구 시합이 중지될까요? (바람이 세게 불다) →

　　3) 한영수 씨는 영어를 잘해요? (미국에 오래 살았다) →

　　4) 짐이 오늘 도착할까요? (어제 택배로 보냈다) →

제18과

1. 빨리 여권을 만들어야겠어요.

2. 내일은 일찍 일어나야 돼요.

3. 여기서 사진을 찍어도 돼요?

4. 약속 시간에 늦으면 안 돼요.

🔊 **예문**
74

1. 대학에 들어가면 뭘 할 거예요?
——먼저 운전 면허를 따야겠어요.

2. 부모님이 걱정하시니까 저녁 8시까지는 집에 들어가야겠어요.
——아니, 그렇게 일찍 들어가야 돼요?

3. 쓰레기를 여기에 버려도 돼요?
——네, 거기에 버려도 돼요.

4. 외국인 등록을 할 때 도장을 가져가야 돼요?
——아뇨, 안 가져가도 돼요.

5. 한국에서는 여자들이 결혼을 하면 성이 바뀝니까?
——결혼을 해도 성이 안 바뀌어요.

6. 좀 더운데 창문을 열어도 됩니까?
——모기가 들어오니까 창문을 열면 안 돼요.

7. 담배를 피워도 괜찮습니까?
——여기는 금연석이니까 담배를 피우면 안 되는데요.

基本文型

1. 早くパスポートを作らなければなりません。

2. 明日は早く起きないといけません。

3. ここで写真を撮ってもいいですか。

4. 約束の時間に遅れてはいけません。

例文

1. 大学に入ったら、何をするつもりですか。
   ——まず運転免許を取るつもりです。

2. 親が心配するから、夜8時までには家に帰ろうと思います。
   ——ええっ？　そんなに早く帰らなきゃならないんですか。

3. ごみをここに捨ててもいいですか。
   ——はい、そこに捨ててもいいですよ。

4. 外国人登録をするとき、判こを持って行くんですか。
   ——いいえ、持って行かなくてもいいです。

5. 韓国では女性は結婚すると、名字は変わりますか。
   ——結婚しても、名字はかわりません。

6. ちょっと暑いんですが、窓を開けてもいいですか。
   ——蚊が入るから、窓を開けないでください。

7. たばこを吸ってもいいですか。
   ——ここは禁煙席だから、たばこを吸ってはいけないんですが。

18

쓰레기

다나카 : 저, 어제 옆집으로 이사 온 다나카입니다.

옆집 부인 : 아, 그러세요? 반갑습니다.
제가 도와 드릴 일이 있으면 언제든지 말씀하세요.

다나카 : 감사합니다. 앞으로 많이 가르쳐 주십시오.
그런데 오늘 쓰레기를 버려도 됩니까?

옆집 부인 : 오늘은 월요일이니까 버리면 안돼요.
화요일 하고 금요일에 버리세요.

다나카 : 안 타는 쓰레기를 같이 버려도 돼요?

옆집 부인 : 분리 수거를 하니까 깡통이나 병은 따로 버려야 돼요.

다나카 : 잘 알았습니다. 가족분들하고 한 번 놀러 오십시오.

옆집 부인 : 고맙습니다. 그보다도 우리 집에 먼저 오세요.
같이 식사나 하시죠.

会話

ごみ

田中　　　：　あのう、昨日隣に引っ越してきた田中です。

隣の奥さん：　あ、そうですか。お会いできてうれしいです。

　　　　　　　私がお手伝いすることがあれば、いつでもおっしゃってください。

田中　　　：　ありがとうございます。これからいろいろと教えてください。

　　　　　　　ところで今日はごみを捨ててもいいですか。

隣の奥さん：　今日は月曜日なので、捨ててはいけません。

　　　　　　　火曜日と金曜日に捨ててください。

田中　　　：　燃えないごみを一緒に捨ててもいいですか。

隣の奥さん：　分別収集をするので、缶や瓶は別に捨てなくてはなりません。

田中　　　：　よくわかりました。

　　　　　　　ご家族の方々と一度遊びに来てください。

隣の奥さん：　どうも。それよりもうちへ先にいらっしゃってください。

　　　　　　　一緒に食事でもしましょう。

18

この課で学ぶ文法

1. ～아야겠다 / 어야겠다 / 여야겠다

　　　　　　　　　（～するつもりだ、～しなければならない）

2. ～아야 / 어야 / 여야 / (이)라야 되다 / 하다

　　　　　　　　　（～しなければならない、～しないといけない）

3. ～아도 / 어도 / 여도 / (이)라도　（～しても、～でも）

4. ～아도 / 어도 / 여도 / (이)라도 되다　（～してもいい、～でもいい）

5. ～면 / 으면 안되다 (～してはいけない、～くてはいけない、～ではいけない)

따다	取る、得る	주식	株式
가져가다	持って行く	서류	書類
바뀌다	変わる	성적	成績
들어오다	入ってくる	연주회	演奏会
늘다	上達する、伸びる、	수영장 《水泳場》	プール
	増える	오디오	オーディオ
차리다	構える、設ける	꽃병	花瓶
오르다	上がる、載る	도시락	弁当
돌려주다	返す、返済する	계산	計算、勘定
지워지다	消える、消される	자동	自動
놓다	置く	아니	ええっ、おやっ
밀다	押す	～씩	～ずつ
괜찮다	大丈夫だ、かまわない	아무리	どんなに、いくら
가볍다	軽い	금방 《今方》	すぐ、今すぐ
여권	旅券、パスポート	꼭	必ず、是非
대학	大学	～ 중	～中、～途中
면허	免許	나중에	後で、後ほど
쓰레기	ごみ		
등록	登録	저	あのう
성	姓、名字	옆집	隣の家
모기	蚊	이사 오다	引っ越して来る
금연석	禁煙席	～든지 / 이든지	(疑問詞とともに用
곳	場所、所		いて) ～でも
몸	体、身体	타다	燃える
수영	水泳	분리 수거	分別収集
연습	練習	《分離　収去》	
반려동물	ペット	깡통	空き缶、缶
《伴侶動物》		병	瓶
설명서	説明書	따로	別々に、別に
음주	飲酒	그	それ
올해	今年	～나 / 이나	～でも (19課参照)
주가	株価		

文法解説

1. 〜아야겠다 / 어야겠다 / 여야겠다

(〜するつもりだ、〜しなければならない)

〜아야 / 어야 / 여야に意志を表す補助語幹겠が付くと、主語が一人称の文では
強い意志を、主語が二人称と三人称の場合は当然そうでなければならない状況や
義務を表します。

例) 서류를 다시 한 번 봐야겠어요.   書類をもう一度見るつもりです。
　　정말로 담배를 끊어야겠어요.   本当にたばこをやめるつもりです。
　　오늘은 집안 청소를 해야겠어.   今日は家の中の掃除をしなきゃ。
　　여러분, 단어를 더 외워야겠습니다. 皆さん、もっと単語を覚えなくて
　　　　　　　　　　　　　　　　　　　　　はいけませんね。

18

2. ～아야/어야/여야/(이)라야 되다/하다
(～しなければならない、～しないといけない)

～아야/어야は先行の用言が後ろに続く用言の前提にならなければいけないことを表す連結語尾で、「～してこそ、～して初めて」などの意味を持っています。하語幹は하여야＝해야になり、指定詞の이다/아니다は(이)라야の形が多く使われます。これらに되다もしくは하다を付けることによって「～しなければならない、～しないといけない」という義務の表現になります。

陽語幹 + 아야	
陰語幹 + 어야	되다/하다
하語幹 + 여야 (⇒해야)	
指定詞 + 어야 / (이)라야	

例) 짐이 많아서 택시를 타야 돼.　　　荷物が多いので、タクシーに乗らなきゃ。
　　좋은 책을 많이 읽어야 해.　　　　いい本をたくさん読まないといけないよ。
　　예약 재확인을 해야 됩니다.　　　予約の再確認をしなければなりません。
　　꼭 키가 큰 사람이라야 해요?　　　絶対に背の高い人でなければいけませんか。

3. 〜아도 / 어도 / 여도 / (이)라도 (〜しても、〜でも)

先行する用言の内容を仮定したり、認定したとしても、後続文の状態になること
を表す連結語尾です。

例) 열심히 공부해도 성적이 나빠요. 一生懸命勉強しても、成績が悪いです。
　　아무리 바빠도 점심은 먹어야겠어요.
　　　　　　　　　　　　　　　どんなに忙しくても、昼ご飯は食べるつ
　　　　　　　　　　　　　　　もりです。

4. 〜아도 / 어도 / 여도 / (이)라도 되다 (〜してもいい、〜でもいい)

3の〜아도 / 어도 / 여도 / (이)라도の後ろに、되다 (いい)、좋다 (いい)、괜
찮다 (かまわない) などを付けると、先行する用言の内容を許可したり (叙述文)、
相手の許可を求める表現 (疑問文) になります。付け方は3と同じです。

例) 내일은 늦게까지 자도 됩니다. 明日は遅くまで寝ていてもいいです。
　　성함은 한자로 써도 돼요.　　お名前は漢字で書いてもけっこうです。
　　말씀 좀 물어 봐도 될까요?　　ちょっとお尋ねしてもよろしいでしょうか。
　　이 책, 제가 먼저 읽어도 됩니까?
　　　　　　　　　　　　　　　この本、私が先に読んでもいいですか。

　　현금으로 지불해도 돼요?　　現金で払ってもいいですか。
　　좀 비싼 것이라도 괜찮아요?　少々高いものでもかまいませんか。

18

5. ～면/으면 안 되다
(～してはいけない、～くてはいけない、～ではいけない)

～면/으면 안 되다は禁止を表します。後置否定形～지 않다（『新・韓国語レッスン 初級』第5課）が付いた二重否定形の～지 않으면 안되다は、2の～아야/어야/여야 하다/되다と同じ意味で使うことができます。

母音語幹・ㄹ語幹＋	면 안 되다
子音語幹	＋으면 안 되다

例) 기내에서는 담배를 피우면 안 됩니다.
　　　　　　　　　　　　　機内ではたばこを吸ってはいけません。

구두가 너무 크면 안 돼요.　　靴が大きすぎてはだめですよ。

지하철 안에서 떠들면 안 돼.　地下鉄の中で騒いじゃだめ。

밤에 휘파람을 불면 안돼요?　夜、口笛を吹いてはいけませんか。

작품의 사진을 찍으면 안 될 거예요.
　　　　　　　　　　　　　作品の写真を撮ってはいけないと思います。

공부방이니까 어두우면 안 됩니다.
　　　　　　　　　　　　　勉強部屋なので、暗いと困ります。

교사는 많이 알지 않으면 안 돼요.
　＝교사는 많이 알아야 해요.　教師はたくさん知っていなければいけません。

가끔은 푹 쉬지 않으면 안 됩니다.
　＝가끔은 푹 쉬어야 합니다.　たまにはゆっくり休まなくてはいけません。

곧 출발하지 않으면 안 돼요?　すぐ出発しないといけませんか。
　＝곧 출발해야 돼요?

연습 A

1. 조용한 곳으로 이사 가야겠어요.
   자주 편지를 써야겠어요.
   하루에 30분씩 걸어야겠어요.
   몸이 아프지만 출근해야겠어요.

2. 다음 역에서 갈아타야 돼요.
   단어를 외워야 돼요.
   내일까지 연락해야 돼요?
   수영 모자를 써야 돼요?

3. 연습을 해도 늘지 않아요.
   아무리 생각해도 모르겠어요.
   열심히 외워도 금방 잊어버려요.
   아무리 아파도 병원에 안 가요.

4. 집에 놀러 가도 돼요?
   커튼을 닫아도 돼요?
   창문을 열어도 돼요?
   반려동물을 길러도 돼요.
   설명서를 복사해도 돼요.

5. 음주 운전을 하면 안 돼요.
   여기에 주차하면 안 돼요.
   사진을 찍으면 안 돼요.
   수업 시간에 졸면 안 돼요.

18

연습 B

🔊 1.　예 : 결혼 안 하세요? (올해에는 결혼하다)
77
　　　　　→ 올해에는 결혼해야겠어요.

　　1) 앞으로 뭘 하실 거예요? (회사를 차리다) →

　　2) 집 살 돈은 있으세요? (은행에서 빌리다) →

　　3) 주가가 올랐지요? (주식을 팔다) →

　　4) 글자가 잘 안 보이세요? (안경을 쓰다) →

🔊 2.　예 : 몇 시까지 회사에 돌아가요? (4시)
78
　　　　　→ 몇 시까지 회사에 돌아가야 돼요?
　　　　　　　——4시까지 돌아가야 돼요.

　　1) 몇 시에 일어나요? (6시 반) →

　　2) 하루에 몇 번 약을 먹어요? (세 번) →

　　3) 무슨 요일까지 책을 돌려줘요? (목요일) →

　　4) 서류를 몇 장 복사해요? (8장) →

🔊 3.　예 : 이 의자에 앉다 → 이 의자에 앉아도 돼요?
79
⇓　　　　　　　　　　　　——네, 앉아도 돼요. 앉으세요.

　　1) 잔디에 들어가다 →

　　2) 휴대폰을 쓰다 →

　　3) 반려동물을 기르다 →

　　4) 담배를 피우다 →

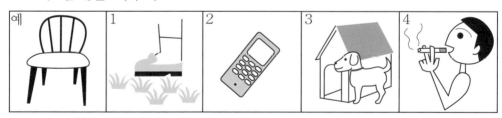

🔊 4. 예 : 늦게 일어나다 → 아침은 꼭 먹다
80
　　　　→ 늦게 일어나도 아침은 꼭 먹어요.

　　1) 약을 먹다 / 안 낫다 →

　　2) 공부를 열심히 하다 / 성적이 안 오르다 →

　　3) 아무리 닦다 / 안 지워지다 →

　　4) 날씨가 덥다 / 에어컨을 안 켜다 →

🔊 5. 예 : 연주회에 아기를 데려가다 → 연주회에 아기를 데려가도 돼요?
81
⇓　　　　　　　　　　　　　　　——아기를 데려가면 안 되는데요.

　　1) 큰 소리로 노래를 부르다 →

　　2) 수영장에서 수영 모자를 안 쓰다 →

　　3) 회의 중에 전화를 하다 →

　　4) 오디오 위에 꽃병을 놓다 →

🔊 6. 예 : 도시락을 가져가다 (점심이 나오다)
82
　　　　→ 도시락을 가져가야 돼요?
　　　　　　——점심이 나오니까 안 가져가도 돼요.

　　1) 일찍 일어나다 (내일은 휴일이다) →

　　2) 지금 돈을 내다 (계산은 나중에 하다) →

　　3) 병원에 가다 (가벼운 감기다) →

　　4) 문을 밀다 (자동으로 열리다) →

18

95

제19과

1. 토끼가 자고 있으니까 만져 보세요.

2. 동생이 내 공책을 찢어 버렸어요.

3. 한가운데 앉아 있는 사람이 우리 누나예요.

4. 편지를 쓰거나 음악을 들어요.

1. 이 옷 입어 봐도 돼요?
   ——그러세요. 저기 탈의실에서 입어 보세요.

2. 가스를 켜고 싶은데 어떻게 하면 돼요?
   ——손잡이를 누르고 왼쪽으로 돌려 보세요.

3. 냉장고에 넣어 놓은 주스가 안 보이는데요.
   ——우리가 다 마셔 버렸어요.

4. 가위하고 자를 아무리 찾아 봐도 없는데요.
   ——제 책상 서랍에 들어 있어요.

5. 벽에 걸려 있는 그림 참 멋있는데, 누가 그린 거예요?
   ——남편이 취미로 그린 거예요.

6. 심심하시면 신문이나 잡지를 보시겠어요?
   ——신문은 봤으니까 주간지를 한 권 갖다 주세요.

7. 멀리 있는 친구에게 어떻게 소식을 전하세요?
   ——전화를 걸거나 메일을 보내요.

基本文型

1. 兎が寝ていますから、触ってみてください。

2. 弟が私のノートを破ってしまいました。

3. 真ん中に座っている人がうちの姉です。

4. 手紙を書いたり、音楽を聴いたりします。

例文

1. この服、着てみてもいいですか。
   ——どうぞ。あそこの試着室で着てみてください。

2. ガスをつけたいんですが、どうすればいいですか。
   ——つまみを押して左に回してみてください。

3. 冷蔵庫に入れておいたジュースが見当たらないんですが。
   ——私たちが全部飲んでしまいました。

4. はさみと定規をいくら捜してみてもありません。
   ——私の机の引き出しに入っていますよ。

5. 壁に掛かっている絵、とてもすてきですが、誰が描いたものですか。
   ——夫が趣味で描いたものです。

6. 退屈でしたら、新聞か雑誌をご覧になりますか。
   ——新聞は読みましたから、週刊誌を1冊持って来てください。

7. 遠くにいる友人にどうやって消息を伝えますか。
   ——電話をかけるかメールを送るかします。

19

분실물 신고

경찰 : 무슨 일로 오셨습니까?

다나카 : 지갑을 잃어버렸어요. 그 안에 중요한 게 들어 있어서
꼭 찾아야 되는데요.

경찰 : 안에 뭐가 들어 있나요?

다나카 : 신분 증명서하고 운전 면허증, 신용카드 그리고 돈이
좀 들어 있어요.

경찰 : 그럼 이 신고서에 기입하고 가세요.
지갑이 발견되면 전화를 드리거나 우편으로 보내겠습니다.

⋯⋯⋯⋯⋯⋯⋯⋯⋯⋯⋯⋯⋯⋯⋯⋯⋯⋯⋯⋯⋯⋯⋯⋯⋯⋯⋯⋯⋯⋯⋯⋯⋯⋯

다나카 : 여보세요. 조금 전에 분실물 신고를 한 다나카인데요.
지갑을 찾았어요.

경찰 : 어디서 찾으셨어요?

다나카 : 잘 찾아 보니까 책상 서랍에 들어 있었어요.
바쁘신데 번거롭게 해서 정말 죄송합니다.

경찰 : 천만에요. 찾아서 참 잘됐네요.

会話

紛失届

警察： どうしましたか。

田中： 財布をなくしました。中に大事なものが入っているので、どうしても見
つけなくてはいけないんですが。

警察： 中に何が入っていますか。

田中： 身分証明書と運転免許証、クレジットカード、それからお金が少し入っ
ています。

警察： では、この届出用紙に記入してからお帰りください。
財布が見つかったら、電話を差し上げるか郵便でお送りするかします。

・・

田中： もしもし。少し前に（財布の）紛失届をした田中ですが、
財布が見つかりました。

警察： どこで見つかったんですか。

田中： よく探してみたら、机の引き出しに入っていました。
お忙しいところ、お騒がせしまして、まことに申し訳ありません。

警察： どういたしまして。見つかって本当によかったですね。

19

この課で学ぶ文法

1. ～아 / 어 / 여 보다（～してみる）

2. ～아 / 어 / 여 버리다（～してしまう）

3. ①～고 있다（～している）：動作の進行
   ②～아 / 어 있다（～している）：状態の持続

4. ～나 / 이나～　①～や～　②～か～／～または～／～あるいは～

5. ～거나（～（する）か、～（し）たり）

만지다	触る、手を触れる	일어 《日語》	日本語
찢다	破る、裂く	지붕	屋根
들다	入る	트럭	トラック
걸리다	かけられる、かかる	침대	寝台、ベッド
전하다	伝える、知らせる	허리	腰
신다	（靴、靴下を）履く	장소	場所
화(를) 내다 《火~》	腹を立てる、怒る	달력 《~曆》	暦、カレンダー
쓰다	使う	낮잠	昼寝
눕다	横たわる、寝る	골프	ゴルフ
뛰어가다	走って行く、駆けて行く	명단 《名單》	名簿
조심하다 《操心~》	気をつける	목장	牧場
넘어지다	倒れる、転ぶ	말	馬
떨어지다	落ちる	주말	週末
다루다	扱う、取り扱う	집안일	家事
놓이다	置かれる	피자	ピザ
남다	残る、余る	스파게티	スパゲッティー
보내다	送る、過ごす	해외	海外
심심하다	退屈だ	참	とても、本当に
나쁘다	悪い	멀리	遠く（に）
흐리다	曇っている、濁っている		
거칠다	乱暴だ、粗い	분실물	紛失物
토끼	兎	신고	申告、届け
한가운데	真ん中	지갑 《紙匣》	財布
탈의실 《脱衣室》	更衣室、試着室	~나요？	~ですか。
가스	ガス	신분 증명서	身分証明書
주스	ジュース	면허증	免許証
가위	はさみ	신고서	申告書
자	定規、物差し	기입하다	記入する
벽	壁	발견되다	発見される、見つかる
집사람	家内、妻	우편	郵便
주간지	週刊誌	번거롭다	煩わしい、騒がしい
소식	消息、知らせ	정말 《正~》	本当に
일	こと	잘됐다	よかった、幸いだ
학원 《學院》	塾、予備校	천만에요.《千萬~》	どういたしまして。

文法解説

1.　～아 / 어 / 여 보다 (～してみる)

動詞と存在詞있다の語幹に付いて主に試みを表しますが、その他に経験などを表すこともあります。

例)　자세한 내용을 알아보겠어요.　　詳しい内容を調べてみます。
　　　아주 재미있으니까 너도 읽어 봐.　とても面白いから、君も読んでみて。
　　　어디에 두었는지 잘 생각해 보세요.

　　　　　　　　　　　　　　　　　どこに置いたかよく考えてみてくだ
　　　　　　　　　　　　　　　　　さい。

　　　매운 냉면도 한 번 먹어 볼래요?　辛い冷麺も一度食べてみますか。
　　　실제로 가 보면 좋아하게 될 거예요.

　　　　　　　　　　　　　　　　　実際に行ってみたら、好きになるで
　　　　　　　　　　　　　　　　　しょう。

　　　몇 년 동안은 추운 지방에도 있어 봤지요.

　　　　　　　　　　　　　　　　　何年か寒い地方にもいましたよ。

19

2.　～아 / 어 / 여 버리다 (～してしまう)

動詞の語幹の後ろに付いて、その動詞の動作が完了して、取り返しがつかない、元に戻せないことを表します。버리다は本来「捨てる、見捨てる、壊す」などの意味を持つ他動詞です。

例)　얼음이 벌써 다 녹아 버렸어요?　氷はもう全部溶けてしまいましたか。
　　　여름 휴가도 다 지나가 버렸네요.　夏休みも終わってしまいましたね。
　　　수첩을 잃어버려서 큰일이에요.　手帳をなくしてしまい、大変なんです。
　　　비밀을 말해 버려도 됩니까?　秘密を言ってしまってもいいですか。
　　　이 일은 오늘 다 해 버릴래요.　この仕事は今日中に全部片付けます。

3. ①～고 있다 (～している)：動作の継続
②～아 / 어 있다 (～している)：状態の持続

①～고 있다は継続中の動作を表し、主語が目上の人の場合の尊敬形は～고 계시다 (～していらっしゃる) になります。また、この表現にはある出来事の繰り返しや習慣の意味もあります。

例) 형은 요즘 시를 쓰고 있어요.　　　　兄は最近詩を書いています。
　　할머니께서는 시골에 살고 계십니까?　おばあ様は田舎に住んでいらっ
　　　　　　　　　　　　　　　　　　しゃいますか。

　　지금 서울에 가고 있어요.　　　　　今ソウルへ行く途中です。
　　　　　　　　　　　　　　　　　　(向かっています。)

また、次の動詞に～고 있다が付くと、動作の結果、その状態が持続していることを表します。
입다 (着る) 신다 (履く) 벗다 (脱ぐ) 쓰다 (かける) 끼다 ((指輪を) はめる)
などの着用に関する動詞や자다 (寝る) 들다 (持つ) 타다 (乗る) など。

例) 파란 옷을 입고 있어요.　　　　　　青い服を着ています。
　　안경을 쓰고 있어요.　　　　　　　眼鏡をかけています。
　　짐을 들고 있어요.　　　　　　　　荷物を持っています。
　　지금 비행기를 타고 있어요.　　　　今、飛行機に乗っています。

②～아 / 어 있다は、主に自動詞の語幹の後ろに付いて、ある一つの動作が完了した状態が持続することを表します。この表現の尊敬形も있다の代わりに계시다を用いた～아 / 어 계시다になります。

例) 지금 서울에 가 있어요.　　　　　　今ソウルに行っています。
　　지금 의자에 앉아 있어요.　　　　　今椅子に座っています。
　　할머니께서는 아직 살아 계십니까?　おばあ様は今もご健在ですか。

4. ～나／이나～　①～や～
②～か～／～または～／～あるいは～

①2つ以上の体言を羅列したり、②同質あるいは同格である体言を2つ以上並べ、その中の1つを選択するときに用いる助詞です。（～나／이나の前後に来る体言はほとんどが名詞。）他にも「容認、強調、限定」などいろいろな用法がありますが、ここでは①羅列と②選択の意味に絞って見てみることにします。

母音で終わる体言+	나
子音で終わる体言+	이나

例）①　정치나 경제는 잘 몰라요.　　政治や経済はよくわかりません。
　　　주로 지하철이나 버스를 이용해요.

　　　　　　　　　　　　　　　　主に地下鉄やバスを利用します。

例）②　리스트나 쇼팽을 듣고 싶어요.　リストかショパンを聴きたいです。
　　　아마 두 명이나 세 명쯤 올 거예요.

　　　　　　　　　　　　　　　　たぶん2人か3人来るでしょう。

19

5. ～거나 (～（する）か、～（し）たり)

겠以外の補助語幹を含む全ての用言の語幹に付いて、選択されうる2つ以上の動作や状態を羅列する役割をします。

例) 대학원에 진학하거나 유학 갈래.

大学院に進学するか、あるいは留学する。

외롭거나 피곤할 때는 음악을 들어요.

寂しかったり、疲れているときは音楽を聴きます。

시인이었거나 소설가였을 거예요.

詩人か小説家だったのでしょう。

전화를 거시거나 메일을 보내세요.

お電話されるか、メールを送られるかしてください。

연습 A

1. 구두를   신어 봐도 돼요?
    소리를   들어 보고 싶어요.
    다시   생각해   보겠어요.
    쉽게   설명해   보세요.

2. 아침 10시까지   자 버렸어요.
    화를 내고   돌아가 버렸어요.
    돈을 다   써 버렸어요.
    나쁜 일은   잊어버리세요.
    그 편지는   찢어 버리세요.

3. 형은 회사에   다니고 있어요.
    은행을   찾고 있어요.
    학원에서 일어를 가르치고 계세요.

4. 지붕 위에 고양이가 앉아 있어요.
    집 앞에 트럭이   서   있어요.
    생선이 아직   살아 있어요.
    침대에 아기가   누워 있어요.
    아들은 지금 서울에 가   있어요.

5. 커피나   홍차를 마시고 싶어요.
    신문이나 잡지를 주시겠어요?
    수영이나 조깅을 해야겠어요.

6. 음악을   듣거나 편지를 써요.
    친구를 만나거나 영화를 봐요.
    비가   오거나 흐린 날은 허리가 아파요.

19

연습 B

1. 예 : → 바지를 입어 봐도 돼요?
   ↓   ——네, 입어 보세요.

   1) →   2) →   ) →   4) →

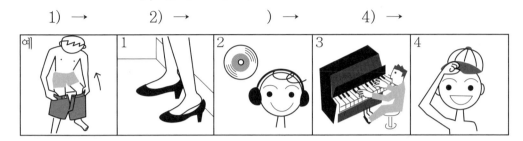

2. 예 : 종이에 주소를 적었어요. / 없어졌어요.
       → 종이에 주소를 적었는데 없어져 버렸어요.

   1) 약속 장소까지 뛰어갔어요. 친구는 벌써 갔어요. →

   2) 조심해서 걸었어요. / 넘어졌어요. →

   3) 열심히 공부했어요. / 시험에 떨어졌어요. →

   4) 거칠게 다루지 않았어요. / 컴퓨터가 고장 났어요. →

3. 예 : 꽃병은 어디 있어요? (책상 위 / 놓이다)
       → 책상 위에 놓여 있어요.

   1) 고양이는 어디 있어요? (지붕 위 / 앉다) →

   2) 안경은 어디 있어요? (서랍 속 / 들다) →

   3) 달력은 어디 있어요? (벽 / 걸리다) →

   4) 아기는 어디 있어요? (침대 / 눕다) →

🔊 4. 예 : 아이가 방에서 낮잠을 자요.

90

     → 아이가 방에서 낮잠을 자고 있어요.

  1) 저는 요즘 소설을 써요. →

  2) 친구가 밖에서 기다려요. →

  3) 어머니는 손님하고 이야기하세요. →

  4) 어제 그 시간에는 골프를 쳤어요. →

🔊 5. 예1 : 점심을 먹다 → 점심을 먹고 있어요.

91

  예2 : 의자에 앉다 → 의자에 앉아 있어요.

  1) 전화를 걸다 →

  2) 교실에 남다 →

  3) 나무 밑에 서다 →

  4) 옷을 입다 →

  5) 명단에 오르다 →

  6) 침대에 눕다 →

🔊 6. 예1 : 아침에 무슨 운동을 하는 게 좋아요? (조깅 / 산책)

92

     → 조깅이나 산책을 하는 게 좋아요.

  예2 : 목장에 가서 뭐 하실 거예요?

     (말을 타다 / 그림을 그리다)

     → 말을 타거나 그림을 그릴 거예요.

  1) 주말에는 주로 뭘 하세요?

    (집에서 책을 읽다 / 집안일을 하다) →

  2) 어떻게 연락을 하실 거예요?

    (전화를 걸다 / 회사로 찾아가다) →

  3) 저녁에 뭘 먹고 싶으세요?

    (피자 / 스파게티) →

  4) 이번 일요일에 뭘 할래요?

    (친구하고 놀다 / 숙제를 하다) →

  5) 여름 방학은 어떻게 보낼 거예요?

    (운전 면허를 따다 / 해외 여행을 가다) →

19

제 20 과

🔊 기본 문형

93

1. 탈춤을 본 적이 있어요.

2. 회사를 그만둔 지 한 달이 됐어요.

3. 밖에 바람이 많이 부는 것 같아요.

4. 버스를 타는 것보다 걷는 게 빠를 것 같아요.

🔊 예문

94

1. 한국에 가신 적이 있어요?
   ——아뇨, 한 번도 가 본 적이 없어요. 어서 가 보고 싶어요.

2. 길에서 돈을 주운 적이 있어요?
   ——저는 밑을 보고 걸어서 주운 적이 많아요.

3. 결혼을 하신 지 얼마나 되세요?
   ——어느새 벌써 5년이 됐네요.

4. 장구를 잘 치시네요.
   ——배운 지 벌써 5년이나 되는데 아직도 잘 못해요.

5. 남편께서는 일요일에도 회사에 가세요?
   ——요즘 회사 일이 아주 바쁜 것 같아요.

6. 이영숙 씨는 아직 미혼이에요?
   ——결혼한 것 같아요. 반지를 끼고 있잖아요.

7. 오후에는 비가 올 것 같은데요.
   ——우산을 가지고 나가는 게 좋겠네요.

基本文型

1. 仮面劇を見たことがあります。

2. 会社を辞めて1か月になりました。

3. 外は風が強く吹いているようです。

4. バスに乗るより、歩いたほうが速そうです。

例文

1. 韓国に行かれたことがありますか。
   ——いいえ、一度も行ったことがありません。早く行ってみたいです。

2. 道端でお金を拾ったことがありますか。
   ——私は下を見て歩くので、拾ったことが何度もあります。

3. 結婚なさってからどのくらいになりますか。
   ——いつの間にか、もう5年になりましたね。

4. チャングを叩くのがお上手ですね。
   ——習い始めてからもう5年になりますが、まだ下手です。

5. ご主人は日曜日も会社にいらっしゃいますか。
   ——この頃会社の仕事がとても忙しいようです。

6. 李英淑さんはまだ独身ですか。
   ——結婚しているようですよ。指輪をはめているでしょう。

7. 午後は雨が降りそうですよ。
   ——傘を持って出かけたほうがいいですね。

20

씨름

박성미 :　다나카 씨는 씨름을 구경한 적이 있어요?

다나카 :　아직 본 적은 없지만, 재미있을 거 같아요.

박성미 :　저한테 마침 표가 있는데 같이 보러 가실래요?

다나카 :　네. 한 번 보고 싶었는데 잘됐네요.

· ·

다나카 :　일본 스모하고는 좀 다른 거 같군요.

박성미 :　씨름은 상대방을 서로 잡은 상태에서 시작하니까요.
　　　　　그런데 누가 이길 거 같아요?

다나카 :　몸집이 큰 선수가 이길 거 같은데요.

박성미 :　몸집은 작아도 상대편 선수가 기술이 더 좋은 거 같은데요.

다나카 :　그럼 우리 내기 할까요?

会話

シルム （相撲）

<ruby>朴聖美<rt>パクソンミ</rt></ruby>： 田中さんはシルムを見たことがありますか。

田中　： まだ見たことはありませんが、面白そうですね。

<ruby>朴聖美<rt>パクソンミ</rt></ruby>： ちょうどチケットがあるんですが、一緒に見に行きませんか。

田中　： はい。一度見たかったので、ちょうどよかったです。

....

田中　： 日本の相撲とは少し違うようですね。

<ruby>朴聖美<rt>パクソンミ</rt></ruby>： シルムは相手をお互いに掴んだ状態で始めますからね。

　　　　で、どちらが勝ちそうですか。

田中　： 体が大きいほうの選手が勝ちそうですね。

<ruby>朴聖美<rt>パクソンミ</rt></ruby>： 体は小さいけど、相手の選手のほうが技を使うのがうまそうですが。

田中　： じゃ、私たち賭けましょうか。

この課で学ぶ文法

1. ～ㄴ/은 적이 있다 （～したことがある）
   ～ㄴ/은 적이 없다 （～したことがない）
2. ～아/어/여 본 적이 있다/없다 （～したことがある／ない）
3. ～ㄴ/은 지 （～して（から））
4. 用言の連体形＋것 같다：推量・確実ではない断定の表現

20

줍다	拾う	뱀	蛇
끼다	はめる	역사	歴史
가지다	持つ	기타	ギター
올라가다	登る、上がる	바둑	囲碁
싸우다	戦う、けんかをする	지점장	支店長
지나다	過ぎる	사건	事件
사귀다	つきあう、交際する	봉지 《封紙》	袋
발생하다	発生する	피서	避暑
찢어지다	破れる	어서	速く、早く
막히다	詰まる、（道が）込む	어느새	いつの間にか、はや
어리다	幼い	~나/이나	~くらい
약하다	弱い	있잖아요.	いるでしょう。
탈춤	仮面踊り、仮面劇	~에 의하면 《依~》	~によれば
~ 달	~か月		
장구 《杖鼓》	チャング（鼓の一種）	새로	新たに、新しく
미혼	未婚	올 ~	今年の~
반지 《斑指》	指輪	⋯⋯⋯⋯⋯⋯⋯⋯⋯⋯⋯⋯⋯⋯⋯	
여관	旅館	마침	ちょうど、いい具合に
유도	柔道	다르다	違っている、異なっている
사촌 《四寸》	いとこ		
소화제	消化剤	~군요.	~ですね。~ますね。
공기	空気	상대방 《相對方》	相手方、相手側
숲	森	서로	互い（に）、ともに
내성적	内気、内省的	잡다	つかむ、つかまえる
소문	噂	상태	状態
범인	犯人	몸집	体格、体つき
막걸리	どぶろく、マッコリ	상대편 《相對便》	相手方、相手側
잠자리	とんぼ	기술	技術、技
산낙지	生きた真だこ	내기	賭け
일 등	一等、一位		

文法解説

1. ～ㄴ/은 적이 있다 (～したことがある)
　　～ㄴ/은 적이 없다 (～したことがない)

적は経験・時を意味する形式名詞です。
動詞の過去連体形（第12課）の後に적이 있다/없다を付けて、経験の有無を表します。

母音・ㄹ（脱落）語幹＋ㄴ 적이 있다/없다
子音語幹　　　　　　＋은 적이 있다/없다

例) 산길에서 소나기를 만난 적이 있어요.
　　　　　　　　　　　　山道でにわか雨に遭ったことがあります。

　　밤을 새워 논 적이 있어요? 徹夜で遊んだことがありますか。

　　성경을 읽은 적이 없어요.　聖書を読んだことがありません。

　　아직 수술을 받은 적이 한 번도 없어요.
　　　　　　　　　　　　まだ手術を受けたことは一度もありません。

　　씨름은 보신 적이 없어요?　シルムをご覧になったことがありませんか。

　　언젠가 이름을 들은 적은 있어요.
　　　　　　　　　　　　いつだったか名前を聞いたことはあります。

20

2. ~아/어/여 본 적이 있다/없다 (~したことがある／ない)

試みを表す~아/어/여 보다に~ㄴ 적이 있다/없다が付いて、経験の有無を表します。

1と意味はほぼ同じで、会話で多用されます。

例) 도쿄에 와 본 적이 있어요?　　東京に来たことがありますか。

김치를 한 번도 먹어 본 적이 없어요.

キムチを一度も食べたことがありません。

3. ～ㄴ/은 지 (～して (から))

動詞の過去連体形に形式名詞지を付けて、ある出来事や動作が完了してから時間的にどれほど過ぎたかを表現します。

～ㄴ/은 지の後には必ず時間を表す言葉が来ると同時に、時間の経過を表す되다 (なる) か지나다 (過ぎる) のような動詞が続くことが多いです。

また、～ㄴ/은 지가のように主格助詞が入る場合もあります。

母音・ㄹ (脱落) 語幹＋ㄴ 지	
子音語幹　　　　　＋은 지	

例) 한국에 갔다 온 지 일주일도 안 됐는데 또 가요?

　　　　　韓国に行って来て1週間もたってないのに、また行くんですか。

　　생맥주를 시킨 지 10분이 지났는데 아직 멀었어요?

　　　　　生ビールを頼んで10分たちますけど、まだですか。

　　일본에서 산지 얼마나 되지요?

　　　　　日本に住むようになって、どの位になりますか。

　　점심을 먹은 지 한 시간도 안 됐는데 또 먹고 싶어요?

　　　　　昼ご飯を食べて1時間もたっていないのに、また食べたいんですか。

　　이 호텔에 묵은 지 오늘로 사흘째입니다.

　　　　　このホテルに泊まって今日で3日目です。

　　그 소문을 들은 지가 한 달 정도 될 거예요.

　　　　　その噂を聞いてから、1か月位になるでしょうね。

　　이 절은 지은 지가 올해로 만 200년째가 됩니다.

　　　　　このお寺が建てられてから、今年でちょうど200年目になります。

4. 用言の連体形＋것 같다：推量・確実ではない断定の表現

用言の連体形に것 같다を付けると、話し手が自分の推量や確実ではない断定の意味を述べたり（叙述文）、聞き手の意見を尋ねたりするとき（疑問文）の表現になります。口語体では것の代わりに거が用いられることが多いです。

なお、過去回想または過去の連体形～던は、過去補助語幹았/었/였と一緒に使われます。

例）우리를 　찾았던 것 같다　　　　捜していたようだ
　　我々を　　찾은 것 같다　　　　 捜し（出し）たようだ
　　　　　　 찾는 것 같다　　　　　捜しているようだ
　　　　　　 찾을 것 같다　　　　　捜し始めそうだ

　　요리가　 적었던 것 같다　　　　少なかったようだ
　　料理が　 적은 것 같다　　　　　少ないようだ
　　　　　　 적을 것 같다　　　　　少なそうだ

　　그 분은　교수이었던 것 같다　　教授だったようだ
　　その方は　교수인 것 같다　　　　教授だろう
　　　　　　 교수일 것 같다　　　　　教授のようだ
　　　　　　 교수가 아니었던 것 같다　教授ではなかったようだ
　　　　　　 교수가 아닌 것 같다　　　教授ではないだろう
　　　　　　 교수가 아닐 것 같다　　　教授ではないようだ

　　변화가　 있었던 것 같다　　　　あったようだ
　　変化が　 있는 것 같다　　　　　あるようだ
　　　　　　 있을 것 같다　　　　　ありそうだ
　　　　　　 없었던 섯 같다　　　　 なかったようだ
　　　　　　 없는 것 같다　　　　　ないようだ
　　　　　　 없을 것 같다　　　　　なさそうだ

※用言の連体形に関しては、第12課を参考にしながら、もう一度復習しておくといいでしょう。

연습 A

1. 설악산에　　　올라간 적이 있어요.
　우리 부부는　　싸운 적이 없어요.
　일본에서　　　산 적이 있어요.
　그 여관에　　　묵은 적이 있어요?
　한 번도 술을 마셔 본 적이 없어요?

2. 후지산에　　　올라가 본 적이 있어요.
　한국 소설을　　읽어 본 적이 있어요?
　해외 여행을　　해 본 적이 없어요.
　술을　　　　　마셔 본 적이 없어요?

3. 유도를　　　　배운 지 10년이 됐어요.
　사촌 오빠를 만난 지 5년이 지났어요.
　이 동네에　　산 지 얼마나 됐어요?
　소화제를　　먹은 지 10분이 지났어요.

4. 조금 전에 비가 온 것 같아요.
　지금 비가　　오는 것 같아요.
　내일 비가　　올 것 같아요.

5. 옛날에는 공기가　　　맑았던 것 같아요.
　도시보다 시골이 공기가 맑은 것 같아요.
　저 숲 속에 가면 공기가 맑을 것 같아요.

6. 그 여자는 어렸을 때　　　내성적이었던 것 같아요.
　소문에 의하면 그 사람이　범인인 것 같아요.
　새로 오시는 선생님은 조용한 분일 것 같아요.

20

연습 B

🔊 1.
97
⇓ 예 : 중국에 가다 → 중국에 간 적이 있어요.

1) 막걸리를 마시다 →

2) 설악산에 올라가다 →

3) 말을 타다 →

4) 잠자리를 잡다 →

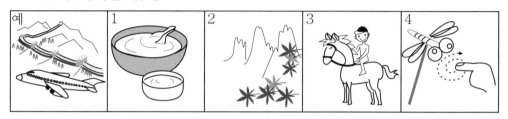

🔊 2.
98 예 : 산낙지를 먹다

　　　→ 산낙지를 먹어 본 적이 있어요?

　　　　　——먹어 본 적이 없어요.

1) 시험에서 일 등을 하다 →

2) 뱀을 만지다 →

3) 역사 소설을 읽다 →

4) 그림일기를 쓰다 →

🔊 3.
99 예 : 기타를 배우다 (반 년)

　　　→ 기타를 배운 지 얼마나 됐어요?

　　　　　——기타를 배운 지 반 년이 됐어요.

1) 저녁을 먹다 (1시간) →

2) 그 친구를 사귀다 (3년) →

3) 전화를 걸다 (20분) →

4) 바둑을 시작하다 (1년) →

예 : 지점장님은 지금 바쁘세요? (네)

　　　　→ 네, 지금 바쁘신 것 같아요.

1) 그 아이는 몸이 약해요? (네) →

2) 이영식 씨는 그 소식을 알아요? (아뇨) →

3) 동생은 여름 방학에 어디에 가요? (산) →

4) 경찰이 뛰어가는군요. (사건이 발생하다) →

예 : → 옷이 클 것 같아요.

　　1) →

　　2) →

　　3) →

　　4) →

20

예 : 길이 막히다 / 차로 가지 마세요.

　　　　→ 길이 막힐 것 같으니까 차로 가지 마세요.

1) 단추가 떨어지다 / 달아 주세요. →

2) 비가 오다 / 우산을 가지고 갑시다. →

3) 길을 찾아갈 수 있다 / 혼자서 갈래요. →

4) 올 여름은 덥다 / 피서를 가야겠어요. →

제21과

1. 오늘 점심 값은 제가 낼게요.

2. 제가 금방 갈 테니까 역에서 기다리세요.

3. 요즘에는 될수록 야채를 많이 먹으려고 해요.

4. 소고기는 비싸니까 돼지고기라도 사야겠어요.

1. 언제까지 이 일을 끝낼 거예요?
　──내일까지는 꼭 끝낼게요.

2. 이 시집을 빌려줄 테니까 읽어 보세요.
　──마침 읽고 싶은 책이었는데 고마워요.

3. 편지를 쓸 테니까 답장을 해 주시겠어요?
　──꼭 답장을 쓸게요.

4. 무슨 말인지 잘 모르겠습니다.
　──다시 한 번 얘기할 테니까 잘 들어 보세요.

5. 사고 싶은데 돈이 모자라서 못 사겠어요.
　──싸게 해 줄 테니까 가져가세요.

6. 여름 휴가에는 뭘 하실 예정이에요?
　──남쪽 섬에 가서 쉬려고 해요.

7. 국이 좀 싱거운데 소금 있어요?
　──소금은 없는데 간장이라도 드릴까요?

基本文型

1. 今日のお昼は私が奢りますよ。

2. 私がすぐ行きますから、駅で待っていてください。

3. この頃はできるだけ野菜をたくさん食べようと思っています。

4. 牛肉は高いから、豚肉でも買うつもりです。

例文

1. いつまでにこの仕事を終わらせるつもりですか。
   ——明日までには必ず終わらせます。

2. この詩集を貸してあげるから、読んでみてください。
   ——ちょうど読みたい本でしたので、ありがたいです。

3. 手紙を書くから返事をくれますか。
   ——必ず返事を書きます。

4. 何の話かよくわかりません。
   ——もう一度言いますから、よく聴いてみてください。

5. 買いたいけど、お金が足りなくて買えません。
   ——安くしてあげるから、持っていってください

6. 夏休みには何をする予定ですか。
   ——南の島に行ってのんびりしようと思います。

7. スープの味が少し薄いのですが、塩、ありますか。
   ——塩はないんですが、醤油でもいいですか。

21

이사

이영숙 : 다나카 씨, 언제 이사하세요?

다나카 : 다음주 토요일에 회사 가까이의 하숙집으로 이사해요.

이영숙 : 이사하는데 누가 도와 주러 와요?

다나카 : 그냥 이삿짐 센터에 맡기려고 해요.

이영숙 : 제가 도와 드릴 테니까 둘이서 할까요?
이삿짐 센터에 맡기면 돈이 꽤 들 거예요.

다나카 : 하지만 짐을 실어 나를 차가 없는데 어떻게 하죠?

이영숙 : 제 차를 가져갈 테니까 걱정하지 마세요.

다나카 : 고맙습니다. 이사가 끝난 뒤에 제가 단단히 한턱 낼게요.

会話

引っ越し

李栄淑_{イ ヨンスク}： 田中さん、いつ引っ越しをしますか。

田中　：　来週の土曜日に会社の近くの下宿に引っ越します。

李栄淑_{イ ヨンスク}： 引っ越しをするとき、誰か手伝いに来ますか。

田中　：　いや、引っ越しセンターに頼むつもりです。

李栄淑_{イ ヨンスク}： 私が手伝うから、二人でしましょうか。引っ越しセンターに頼むと、
　　　　　お金がかなりかかると思いますよ。

田中　：　でも、荷物を運ぶ車がないんだけど、どうしましょう。

李栄淑_{イ ヨンスク}： 私の車を持って行きますから、心配しないでください。

田中　：　ありがとうございます。引っ越しが終わったら、私が盛大にごちそう
　　　　　します。

この課で学ぶ文法

1. ～ㄹ게요 / 을게요. （～します（からね）。）

2. ～ㄹ / 을 테니까　①意志（～するから、～するつもりだから）
　　　　　　　　　　　②推量（～だろうから、～はずだから）

3. ～려고 / 으려고 하다 （～するつもりだ、～しようと思う、～しようとする）

4. ～라도 / 이라도 （～でも）

21

빌려주다	貸してやる	전시회	展示会
얘기하다	言う(이야기하다)の縮約形	결혼식	結婚式
		회화	会話
모자라다	足りない	강좌	講座
붐비다	込み合う、混雑する	연휴	連休
던지다	投げる	아르바이트	アルバイト
치다	かける、振りかける	손수건 ((~手巾))	ハンカチ
갱신하다	更新する	책꽂이 ((册~))	本立て、本棚
~지 말다	~するのをやめる	라면	ラーメン
싱겁다	(味が)薄い、水っぽい	인삼차	朝鮮人参茶
		될수록	できるだけ
야채	野菜	대신에 ((代身~))	代わりに、身代わりに
시집	詩集		
답장 ((答狀))	返事、返信	우선 ((于先))	とりあえず、まず初めに
예정	予定		
남쪽	南方、南	‥‥‥‥‥‥‥‥‥‥‥‥‥‥‥	
섬	島	가까이	近く（に）
국	汁、スープ	그냥	ただ、そのまま、ありのまま
소금	塩		
간장 ((~醬))	醤油	이삿짐 ((移徙~))	引っ越しの荷物
진통제	鎮痛剤	센터	センター
지도	地図	맡기다	任せる、預ける
헬스클럽	フィットネスクラブ	~서 / 이서	~人で
장래	将来	꽤	かなり、なかなか
과학자	科学者	들다	(費用が)かかる
장난감	おもちゃ	하지만	でも、しかし
이발소 ((理髮所))	床屋	나르다	運ぶ、運送する
선풍기	扇風機	단단히	しっかり、固く、大きく
죽	粥		
공	ボール	한턱 내다	おごる、ご馳走する

文法解説

1. 〜ㄹ게요 / 을게요. (〜します (からね)。)

動詞と存在詞있다の未来連体形に게요を付けると、話し手が未来にしようと思っていることに対する意志や約束を表す表現になります。主に口語体の叙述文で使われます。この表現の主語は常に1人称で、게は〔께〕と発音します。

また、この表現から요を除くとぞんざいな言い方に変わり、反対に、もっと丁寧さを出したいときは겠습니다. (『新・韓国語レッスン初級』第10課) を用います。

母音・ㄹ (脱落) 語幹	+ ㄹ게요
子音語幹	+ 을게요

例) 오늘 점심은 내가 살게요.   今日の昼ご飯は私が奢ります。
공항에 도착하면 전화할게.   空港に着いたら電話するからね。

무거운 짐은 내가 들게.   重い荷物は僕が持つよ。
더우니까 창문을 열게요.   暑いから窓を開けますね。

약속을 지키면 너를 믿을게.   約束を守ったら君を信じるから。
이 은혜는 꼭 갚을게요.   このご恩は必ずお返ししますからね。

먼저 약속 장소에 가 있을게.   先に約束の場所へ行ってるね。
여기서 기다리고 있을게요.   ここで待ってますから。

21

2.　～ㄹ/을 테니까　①意志（～するから、～するつもりだから）
　　　　　　　　　　　②推量（～だろうから、～はずだから）

用言の未来連体形の後ろに、意図、予定、計画や推量などの意味を持つ形式名詞
の터と指定詞이다の語幹이、さらに、理由・原因を表す니까（第17課）が付
いた表現です。

～ㄹ/을 터이니까 ⇒ ～ㄹ/을 테니까

①主語が一人称の場合は話し手の「意志」の意味を、②主語が三人称のときは話
し手の「推量」の意味を表し、後ろには勧誘形や命令形が多く使われます。

母音・ㄹ（脱落）語幹＋ㄹ 테니까
子音語幹　　　　　＋을 테니까

例)　①다시 한 번 설명할 테니까 잘 들어 보세요.

　　　　　　　もう一度説明しますので、よく聴いてください。

　　　제가 앞에서 끌 테니까 뒤에서 밀어 보세요.

　　　　　　　　私が前で引っ張りますから、後ろから押してみてください。

　　　하루 종일 집에 있을 테니까 전화 주십시오.

　　　　　　　一日中家にいますので、お電話ください。

　　②비가 올 테니까 우산을 갖고 가세요.

　　　　　　　雨が降るでしょうから、傘をお持ちください。

　　　혼자서는 힘들 테니까 제가 도와 드릴게요.

　　　　　　　一人では大変でしょうから、私がお手伝いしましょう。

　　　밤에는 추워질 테니까 옷을 많이 입어야 돼.

　　　　　　　夜は寒くなるだろうから、服をたくさん着なきゃだめだよ。

3. 〜려고 / 으려고 하다

(〜するつもりだ、〜しようと思う、〜しようとする)

これから何かをしようという意図の意味を持つ〜려고 / 으려고と하다(する、思う)が結び付き、前の動詞や存在詞に、主語の意図や将来の予定・計画などの意味を加える表現です。

母音・ㄹ語幹+	려고 하다
子音語幹 +으려고 하다	

例) 한밤중에 어디 가려고 해요?　真夜中にどこへ行こうとしていますか。

신촌역에서 내리려고 해요.　新村駅で降りようと思います。

언젠가는 시골에서 살려고 해요.

いつかは田舎で暮らすつもりです。

아이는 몇 명쯤 낳으려고 해요?

子供は何人位作るつもりですか。

부산에는 사흘간 있으려고 해요.

釜山には3日間いるつもりです。

21

4. ～라도/이라도 (～でも)

不十分、不満足に思われる対象（体言）を、容認または譲歩することを表します。
体言の他に疑問詞と共に使われることもあります。

母音+	라도
子音+	이라도

例) 나라도 괜찮다면 같이 갑시다. 私でもよければ、一緒に行きましょう。

너무 더우니까 샤워라도 할래? すごく暑いから、シャワーでも浴びる?

꽃이라도 사 가지고 갈까요?　花でも買っていきましょうか。

한가하니까 언제라도 놀러 오세요.

暇なので、いつでも遊びに来てください。

어디라도 좋으니까 해외로 가요.

どこでもいいから、海外へ行きましょう。

연습 A

1. 약국에 가서 진통제를 사 올게요.
   제 이름을 한자로 씨 드릴게요.
   서울에 도착하면 전화를 걸게요.
   싸게 해서 만 원만 받을게요.
   일이 바쁘면 제가 좀 도울게요.

2. 성미 씨는 곧 올 테니까 기다려 봅시다.
   제가 운전할 테니까 지도를 봐 주세요.
   오늘은 사람이 붐빌 테니까 다른 날에 가요.
   지금 집에 있을 테니까 어서 가 보세요.

3. 이번 여름에는 수영을 꼭 배우려고 해요.
   헬스클럽에 가서 운동을 하려고 해요.
   저는 장래에 과학자가 되려고 해요.
   책을 될수록 많이 읽으려고 해요.

4. 아이 생일에 주려고 장난감을 샀어요.
   숙제를 물어 보려고 전화를 걸었어요.
   머리를 깎으려고 이발소에 가요.
   배 고플 때 먹으려고 빵을 좀 사왔어요.

5. 에어컨 대신에 선풍기라도 사야겠어요.
   시간이 있으시면 차라도 마실까요?
   밥이 없으니까 죽이라도 먹을래요.
   심심하면 음악이라도 들으세요.

연습 B

)) 1. 예 : 언제부터 담배를 끊을 거예요 ? (내일부터)
107
　　　　　→ 내일부터 끊을게요 .

　　1) 짐을 언제 보내실래요 ? (모레) →

　　2) 몇 시에 집에 들어올 거예요 ? (일찍) →

　　3) 누가 약을 사올 거예요 ? (저) →

　　4) 어떤 사람을 소개해 줄 거예요 ? (멋있는 남자) →

)) 2. 예 : 12시에 가다 / 기다려 주세요 .
108
⇓　　　　　→ 12시에 갈 테니까 기다려 주세요 .

　　1) 발음하다 / 따라 해 보세요 . →

　　2) 공을 던지다 / 잘 받으세요 . →

　　3) 밖은 춥다 / 따뜻하게 입고 나가세요 . →

　　4) 국이 좀 싱겁다 / 소금을 치세요 . →

)) 3. 예 : 운전 면허를 갱신하러 갔어요 ? (다음주)
109
　　　　　→ 아뇨 , 아직 안 갔어요 .
　　　　　　　다음주에 가려고 해요 .

　　1) 사진 전시회를 보러 갔어요 ? (오는 일요일) →

　　2) 친구 결혼식에 입을 옷을 샀어요 ? (이번 주말) →

　　3) 영어 회화 강좌를 들었어요 ? (내일부터) →

　　4) 부모님께 편지를 썼어요 ? (지금부터) →

🔊 4.　예 : 내일 뭘 해요? (음악회에 가다)
110
　　　　→ 음악회에 가려고 해요.

1) 연휴에는 뭘 해요? (아무데도 안 가고 집에서 쉬다) →

2) 숙제는 다 했어요? (아직 안 해서 지금부터 시작하다) →

3) 비행기 표는 예약했어요? (다음주에 예약하다) →

4) 취직하실 거예요? (아르바이트로 할 수 있는 일을 찾다) →

🔊 5.　예 : 친구 생일에 주다 / 손수건을 샀다
111
⇓　　　　→ 친구 생일에 주려고 손수건을 샀어요.

1) 공부를 하다 / 불을 켰다 →

2) 머리를 깎다 / 이발소에 갔다 →

3) 세탁기를 사다 / 돈을 찾았다 →

4) 책꽂이를 만들다 / 나무를 잘랐다 →

🔊 6.　예 : 배가 고프면 우선 라면을 드세요.
112
　　　　→ 배가 고프면 우선 라면이라도 드세요.

1) 극장에 못 가니까 DVD를 빌려 봅시다. →

2) 시간이 있으면 책을 읽으세요. →

3) 인삼차가 없는데 홍차를 드시겠어요? →

4) 집에서 놀지 말고 아르바이트를 하세요. →

21

제 22 과

◀» 기본 문형
113

1. 알기 쉽게 설명해 주세요.

2. 대학에 들어가기 위해서 열심히 공부합니다.

3. 아르바이트를 하기 때문에 바빠요.

4. 매일 밤 자기 전에 기도를 해요.

◀» 예문
114

1. 한국말 공부하기가 어때요?
   ——쓰기하고 읽기는 쉬운데 듣기가 어려워요.

2. 조금 전까지 날씨가 맑았는데 갑자기 비가 오네요.
   ——산에서는 날씨가 변하기 쉬워요.

3. 일주일쯤 휴가를 받아서 여행 가지 않을래요?
   ——요즘 회사가 바빠서 휴가 받기 어려워요.

4. 이번에 무슨 일로 뉴욕에 가세요?
   ——국제 회의에 참석하기 위해서 갑니다.

5. 제주도가 인기가 있는 이유가 뭐예요?
   ——일 년 내내 날씨가 온화히기 때문에 인기가 있어요.

6. 한국에 대해서 많이 아시네요.
   ——한국에 오기 전부터 한국에 관심이 많았어요.

7. 컴퓨터를 너무 오래 해서 눈이 아픈데요.
   ——한 시간쯤 쉰 뒤에 하세요.

基本文型

1. わかりやすく説明してください。

2. 大学に入るために一生懸命勉強しています。

3. アルバイトをしているので、忙しいです。

4. 毎晩、寝る前にお祈りをします。

例文

1. 韓国語の勉強はどうですか。
   ——書くのと読みのは易しいですが、聴くのが難しいです。

2. 少し前まで晴れていたのに、急に雨が降ってきましたね。
   ——山では天気が変わりやすいんですよ。

3. 1週間くらい休みを取って、旅行に行きませんか。
   ——この頃会社が忙しくて、休みを取りにくいんです。

4. 今度、何の仕事でニューヨークへいらっしゃるんですか。
   ——国際会議に出席するために行きます。

5. 済州島が人気がある理由は何ですか。
   ——1年中気候が穏やかなので、人気があるんです。

6. 韓国についてよくご存じですね。
   ——韓国に来る前から、韓国に関心が高かったんです。

7. コンピュータをあまりにも長く使っていたので、目が痛いです。
   ——1時間くらい休んでから、やってください。

22

불고기 만들기

다나카 : 불고기 만드는 법 좀 가르쳐 주시겠어요?

박성미 : 소고기에다 간장하고 설탕, 마늘, 파, 참기름을 넣은 뒤에
잘 섞으면 돼요.

다나카 : 그렇게 간단해요? 생각했던 것보다 만들기 쉬울 것
같은데요.

박성미 : 그리고 고기를 연하게 하려면 양파나 배를 갈아 넣으면
좋아요.

다나카 : 한 번 만들어 봐야겠네요.
맛이 있으면 우리 과 사람들을 초대해서 불고기 파티를
열 테니까, 박성미 씨도 오세요.

박성미 : 전 요즘 다이어트를 하기 때문에 고기는 안 먹는데요.

다나카 : 그럼 박성미 씨를 위해서 야채 요리도 만들어 놓을게요.

박성미 : 그런 거 만들 줄 아세요?

다나카 : 제 요리 솜씨를 모르시는군요.

会話

プルコギ（焼肉）作り

田中 ： プルコギの作り方を教えてくれませんか。

朴聖美
(パクソン ミ) ： 牛肉に、醤油と砂糖、にんにく、葱、胡麻油を入れた後よく混ぜれば
いいです。

田中 ： そんなに簡単なんですか。思ったより作りやすいみたいですね。

朴聖美
(パクソン ミ) ： それから、お肉を柔らかくするには、玉葱や梨をおろして入れるとい
いですよ。

田中 ： 一度作ってみなくちゃ。

おいしかったら、うちの課の人たちを招待してプルコギパーティーを
開くから、朴聖美(パクソン ミ)さんも来てください。

朴聖美
(パクソン ミ) ： 私はこの頃ダイエットをしているので、お肉は食べないんですけど。

田中 ： では、朴聖美(パクソン ミ)さんのために野菜料理も作っておきますよ。

朴聖美
(パクソン ミ) ： そんなの作れるんですか。

田中 ： 私の料理の腕前を知らないんですね。

この課で学ぶ文法

1. ～기에 대해

2. ～기(가/는) 쉽다 （～しやすい、～する可能性が高い）
   ～기(가/는) 어렵다 （～しにくい、～するのが困難だ）

3. ～기 위해(서) （～するために）
   ～를/을 위해(서) （～のために）

4. ～기 때문에 （～ので、～から）
   ～ 때문에 （～のため（に）、～のせいで）

5. ～기 전에 （～する前（に）） ～ 전에 （～の前（に））

6. ～ㄴ/은 후/뒤에 （～した後（で）） ～ 후/뒤에 （～の後（で））

변하다	変わる	연말	年末
참석하다 《參席~》	出席する	노후	老後
벌다	稼ぐ	자녀	子女、子供
살이 찌다	太る	간판	看板
고생하다 《苦生~》	苦労する	꽃다발	花束
외출하다	外出する	연기 《煙氣》	煙
방문하다	訪問する	태풍	台風
건배하다	乾杯する	굽	かかと
저축하다	貯蓄する	예습	予習
협력하다	協力する	변호사	弁護士
멎다	止まる	법률	法律
잠(을) 자다	眠る	환경	環境
보호하다	保護する	~에 대해서 《對~》	~について
알아보다	調べる、探る		
질문하다	質問する	무엇이든	何でも
온화하다 《溫和~》	暖かくのどかだ	다 같이	みんないっしょに
힘(이) 들다	難しい、大変だ	여러 ~	数々の~、いろいろな~
졸리다	眠い		
싫다	嫌だ、嫌いだ	법	方法、仕方、法
부지런하다	勤勉だ	~에다/에다가	~に
젊다	若い	마늘	にんにく
필요하다	必要だ、要る	파	葱
부족하다	足りない、不足する	참기름	胡麻油
기도	祈り、祈祷	섞다	混ぜる
인기	人気	간단하다	簡単だ
이유	理由	연하다	軟らかい
일 년 내내	1年中	하려면	するには
관심	関心	양파 《洋~》	玉葱
교통	交通	배	梨
자신	自身、自分	갈다	すり下ろす
자식 《子息》	子供	파티	パーティー
교육	教育	열다〈파티를~〉	〈パーティーを〉開く
튀김	揚げ物、てんぷら	다이어트	ダイエット
기름	油	솜씨	腕前、手際

文法解説

1. 〜기について

この課では〜기を含むいろいろな表現を中心に勉強します。
まず、〜기について簡単に説明します。

1）〜기は用言の語幹に付いて、その用言を名詞のように機能させる名詞形語尾です。
日本語では「〜すること、〜であること、〜さ」や、動詞（①笑う、②行く、③押す、④休む、⑤守るなど）が名詞の形になったときの語尾（笑い、行き、押し、休み、守りなど）に当たります。

例）①웃다→웃기　②가다→가기　③밀다→밀기
　　④쉬다→쉬기　⑤지키다→지키기

2）以下の動詞や形容詞の前に、動詞や있다が来るときは、その語幹に기が付きます。
바라다/원하다（願う）
좋다（いい）、싫다（嫌だ）、나쁘다（悪い）、쉽다（易しい）、어렵다（難しい）、힘들다（大変だ）、편하다（便利だ・楽だ）、불편하다（不便だ）

例）꼭 성공하기 바랍니다.　　　　必ず成功することを願っています。
　　부드러워서 먹기 좋아요.　　　柔らかいので、食べやすいです。
　　글자가 커서 보기 쉬워요.　　　字が大きいので、見やすいです。
　　복잡해서 이해하기 힘듭니다.　複雑で理解しにくいです。
　　너무 멀어서 다니기 불편해.　　遠すぎて通うのに不便なんだ。

3）語幹에기の付いた形が完全に名詞として定着したものもあります。

例）듣기（聞くこと）쓰기（書くこと）읽기（読むこと）말하기（話すこと）
　　더하기（足し算）빼기（引き算）곱하기（掛け算）나누기（割り算）
　　크기（大きさ）굵기（太さ）など

※この他にも〜기を含む慣用表現がたくさんありますので、少しずつ身につけていきましょう。

2. ～기 (가 / 는) 쉽다 (～しやすい、～する可能性が高い)
～기 (가 / 는) 어렵다 (～しにくい、～するのが困難だ)

～기 쉽다は、ある動作が「しやすいこと」や事態が起こる確率が高いことを表し、～기 어렵다はその反対の意味を表します。～기は助詞の가、는、도と一緒に使うことも多く、その前に過去補助語幹 (았 , 었 , 였) が付くこともあります。

例) 글자 자체는 외우기 쉬워요.　　文字自体は覚えやすいです。

　　하지만 발음하기가 어려워요.　　でも発音するのが難しいです。

　　그래서 말하기도 어려워요.　　それで話すのも難しいです。

　　산에서는 길을 잃기가 쉬워요.　　山では道に迷いやすいです。

　　이 시간에는 길이 밀리기 쉬워요.　　この時間は渋滞しやすいです。

　　휴일에는 집에 없기가 쉬워요.　　休日は家にいないことが多いです。

3. ～기 위해(서) (～するために)
～를/을 위해(서) (～のために)

後ろに続く内容の目的を表す表現で、用言の場合はその語幹に기 위해(서) を、体言の場合は를/을 위해(서) を付けます。

例) 인간은 먹기 위해 살아요, 살기 위해 먹어요?

　　　　　人間は食べるために生きるんですか、生きるために食べるんですか。

　　해외 여행을 가기 위해서 여권을 신청했어요.

　　　　　海外旅行に行くために、パスポートを申請しました。

　　한일우호를 위해서 열심히 노력하는 분입니다.

　　　　　韓日友好のために一生懸命努力している方です。

　　건강을 위해 술과 담배를 끊어야겠어요.

　　　　　健康のために酒とたばこをやめるつもりです。

4. ～기 때문에 (～ので、～から)
～ 때문에 (～のため (に)、～のせいで)

3の～기 위해(서) や～를/을 위해(서) が目的の意味を表すのに対し、この表現は理由・原因を表します。用言の語幹と過去補助語幹（았/었/였）には기 때문에を、体言の場合は直接때문에を付けます。（때문は「ため、せい、わけ」という意味の名詞です。）

例) 비가 오기 때문에 좀 늦을 것 같아요.

　　　　　　　　　　　　雨が降っているので、少し遅れそうです。

　　푹 잤기 때문에 기분이 상쾌해요.

　　　　　　　　　　ぐっすり寝たので、気分が爽やかです。

　　선약이 있기 때문에 오늘도 안돼요.

　　　　　　　　　　先約があるので、今日もだめです。

　　날씨 때문에 여행이 연기됐어요.

　　　　　　　　　　悪天候のため旅行は延期されました。

　　일 때문에 먼저 실례하겠습니다.

　　　　　　　　　　仕事がありますので、お先に失礼します。

5. ～기 전에 (～する前（に）) ～ 전에 (～の前（に）)

2つ以上の動作や出来事の時間的な順序（時間的に前であること）を表す表現です。

例) 잊어버리기 전에 수첩에 적어 둘래.

　　　　　　　　　　　　　　忘れないうちに手帳に書いておく。

　　아침을 먹기 전에 신문을 보지요.

　　　　　　　　　　　　　朝食を食べる前に新聞を読みます。

　　발표 전에는 아무도 몰라요.　　発表の前には誰にもわかりません。

6. ～ㄴ/은 후/뒤에 (～した後（で）) ～ 후/뒤에 (～の後（で）)

2つ以上の動作や出来事の時間的な順序（時間的に後であること）を表す表現です。

例) 일이 끝난 후에 가볍게 한잔 할까?

　　　　　　　　　　　　　仕事が終わった後、軽く一杯飲もうか。

　　치료를 받은 뒤에는 많이 좋아졌어.

　　　　　　　　　　　　　治療を受けてからはだいぶよくなったよ。

　　식사 후에 기념 촬영을 합시다.食事の後で、記念撮影をしましょう。

연습 A

1. 비오는 날은 사고가 나기 쉬워요.
   이 책상은 넓어서 쓰기 편해요.
   글자가 작아서 읽기 힘들어요.
   교통이 편리해서 살기 좋아요.
   졸릴 때는 아무것도 하기 싫어요.

2. 대학에 들어가기 위해서 열심히 공부해요.
   여행갈 돈을 벌기 위해서 아르바이트를 해요.
   자신의 건강을 위해서 담배를 끊으세요.
   자식의 교육을 위해서는 무엇이든 합니다.

3. 요즘 아르바이트를 하기 때문에 바빠요.
   단 것을 먹으면 살이 찌기 때문에 안 먹어요.
   어제는 시간이 없었기 때문에 못 갔어요.
   자동차 사고 때문에 길이 막혀서 늦었어요.
   외국에서 음식 때문에 고생했어요.

4. 외출하기 전에 거울을 봐요.
   밥을 먹기 전에 손을 씻읍시다.
   한 달 전부터 다이어트를 시작했어요.

5. 결혼을 한 후에 부지런해졌어요.
   밥을 먹은 뒤에 약을 먹어야 돼요.
   전화를 건 뒤에 방문하세요.
   지금부터 30분 후에 찾아가겠어요.

22

연습 B

🔊 1.　예 : 이 사전은 글자가 크다 / 보다 / 쉽다
117
　　　　　　→ 이 사전은 글자가 커서 보기 쉬워요.

　　1) 이 동네는 교통이 편리하다 / 살다 / 좋다 →

　　2) 신문 글자가 작다 / 읽다 / 힘들다 →

　　3) 튀김은 기름이 많다 / 먹다 / 싫다 →

　　4) 이 길은 좁다 / 운전하다 / 어렵다 →

　　5) 연말에는 바쁘다 / 휴가를 받다 / 힘들다 →

🔊 2.　예 : 두 사람 / 다 같이 건배합시다.
118
　　　　　　→ 두 사람을 위해서 다 같이 건배합시다.

　　1) 노후 / 젊었을 때 저축해야 해요. →

　　2) 자녀들의 교육 / 다 같이 협력합시다. →

　　3) 외국인 / 영어로 된 간판이 필요해요. →

　　4) 누구 / 꽃다발을 샀어요? →

🔊 3.　예 : 담배 연기 / 목이 아프다
119
⇓　　　　　→ 담배 연기 때문에 목이 아파요.

　　1) 태풍 / 전차가 멎었다 →

　　2) 감기 / 학교를 결석했다 →

　　3) 시험 / 놀 수 없다 →

　　4) 차 소리 / 잠을 잘 수 없다 →

🔊 4.　예1 : 이삿짐을 실어 나르다 / 차를 빌리다
120
　　　　　　　→ 이삿짐을 실어 나르기 위해서 차를 빌려요.

　　　예2 : 키가 작다 / 굽이 높은 구두를 신다
　　　　　　　→ 키가 작기 때문에 굽이 높은 구두를 신어요.

　　　1) 예습을 많이 했다 / 이해하기 쉽다 →

　　　2) 변호사가 되다 / 법률을 공부하고 있다 →

　　　3) 회사에 사람이 부족하다 / 언제나 바쁘다 →

　　　4) 환경을 보호하다 / 여러 나라가 협력하고 있다 →

　　　5) 취직할 회사를 찾다 / 인터넷으로 알아보고 있다 →

🔊 5.　예 : → 자기 전에 일기를 써요.
121
　⇓　1) →
　　　2) →
　　　3) →
　　　4) →

🔊 6.　예 : 언제 지갑 잃어 버린 걸 알았어요? (전차에서 내리다)
122
　　　　　→ 전차에서 내린 뒤에 알았어요.

　　　1) 언제 친구 집에 놀러 갈 거예요? (전화를 걸다) →

　　　2) 지금 금방 나가실 거예요? (아뇨, 1시간) →

　　　3) 언제 커피를 마셔요? (점심을 먹다) →

　　　4) 선생님, 지금 질문해도 돼요? (설명을 듣다) →

22

제23과

🔊 **기본 문형**
123

1. 수영 대회에서 학교 대표로 뽑혔어요.

2. 엄마가 아기한테 밥을 먹이고 있어요.

3. 몇 시에 만나기로 했어요?

4. 길을 가다가 우연히 동창생을 만났어요.

🔊 **예문**
124

1. 모기에 물려서 아주 가려워요.
   —모기 물린 곳에 이 약을 바르세요.

2. 밤 사이에 눈이 많이 쌓였네요.
   —얼기 전에 눈을 치워야겠어요.

3. 너무 웃기지 마세요. 주름이 생겨요.
   —웃는 집에 복이 온다는 말도 있으니까 실컷 웃으세요.

4. 이번 주 일요일에 만날까요?
   —미안해요. 동생하고 영화를 보러 가기로 했어요.

5. 올해 새로 결심한 거 없어요?
   —일찍 자고 일찍 일어나기로 했어요.

6. 어젯밤에 다큐멘터리 보셨어요?
   —텔레비전을 보다가 잠이 들어 버려서 못 봤어요.

7. 왜 신청서를 다 썼다가 지우세요?
   —한자로 써야 하는데 한글로 써 버렸어요.

基本文型

1. 水泳大会で学校の代表に選ばれました。

2. お母さんが赤ちゃんにご飯を食べさせています。

3. 何時に会うことにしましたか。

4. 道を歩いていて、偶然同窓生に会いました。

例文

1. 蚊に刺されてとても痒いです。
    ——蚊に刺されたところにこの薬を塗ってください。

2. 夜の間に、雪がたくさん積もりましたね。
    ——凍る前に雪かきをしなければなりませんね。

3. あまり笑わせないでください。しわができちゃいますよ。
    ——笑う門には福来るということばもありますから、
      思う存分笑ってください。

4. 今週の日曜日に会いましょうか。
    ——すみません。弟と映画を見に行くことにしたんです。

5. 今年、新しく決心したことありませんか。
    ——早寝早起きすることにしました。

6. 昨日の夜ドキュメンタリー見ましたか。
    ——テレビを見ながら眠ってしまったので見られませんでした。

7. どうして申請書を全部書いたのに消しちゃうんですか。
    ——漢字で書かないといけないのに、ハングルで書いてしまったんです。

23

반려동물

다나카 : 이 아파트에서는 반려동물을 길러도 돼요?

옆집 부인 : 다른 사람에게 피해만 주지 않으면 괜찮은 것 같아요.

다나카 : 아, 그래서 가끔 고양이가 보이고 개 짖는 소리도
들리는군요.

옆집 부인 : 왜요? 동물을 싫어하세요?

다나카 : 아뇨, 동물은 좋아하지만 개는 좀 무서워요.
어렸을 때 길을 가다가 개한테 물린 적이 있어서요.

옆집 부인 : 우리 아이들은 개를 아주 좋아하는데, 제가 바빠서
기를 수가 없어요.

다나카 : 운동도 시키고 목욕도 시켜야 하니까 꽤 손이 갈 거예요.

옆집 부인 : 네, 그래서 개 대신에 잉꼬를 기르기로 했어요.

다나카 : 잉꼬는 손바닥에 와서 앉기도 하니까 애들이 좋아할
거예요.

会話

ペット

田中　　　　：　このマンションではペットを飼ってもいいんですか。

隣の奥さん：　人に迷惑さえ掛けなければ大丈夫みたいですよ。

田中　　　　：　ああ、それで時々猫が見えたり、犬の鳴き声が聞こえたりするんですね。

隣の奥さん：　どうしてですか。動物が嫌いなんですか。

田中　　　　：　いいえ、動物は好きですが、犬はちょっと怖いんです。
　　　　　　　　小さいとき、道を歩いていて犬にかまれたことがあるので。

隣の奥さん：　うちの子供たちは犬がとても好きなんですが、私が忙しくて飼うことができないんです。

田中　　　　：　運動をさせたりお風呂に入れたりしないといけないから、かなり手がかかるでしょうね。

隣の奥さん：　ええ、それで犬の代わりにインコを飼うことにしました。

田中　　　　：　インコは手のひらに来て止まったりするから、お子さんたちが喜ぶでしょうね。

23

```
この課で学ぶ文法

1.  受身の表現 （〜れる、〜られる）
2.  使役の表現 （〜せる、〜させる）
3.  〜기로 하다 （〜（する）ことにする、〜（する）ようにする）
4.  〜다가 （〜するうちに、〜する途中、〜して）
```

🔊 새로운 어휘　新しい語彙
126

뽑다	選ぶ	얼다	凍る、凍りつく
물다	かむ、刺す	치우다	（雪を）かく
바르다	塗る、つける	웃다	笑う
쌓이다	積もる	결심하다	決心する

잠이 들다	寝入る、寝つく	고전	古典
지우다	消す、なくす	감정	感情
끊다 〈소식을~〉	〈消息を〉絶つ	수술	手術
세우다	建てる、立てる	동료	同僚
번역하다	翻訳する	용돈 《用~》	小遣い
칭찬하다 《稱讚~》	褒める	정리	整理
		발	足
부탁하다 《付託~》	依頼する、頼む	반장	班長
		코미디언	コメディアン
끓다	沸く、沸騰する	관객	観客
깨다	覚める、起きる	색	色
입원하다	入院する	품	懐、胸
잊다	忘れる	매달	毎月
돌아오다	帰って来る	태권도	跆拳道、テコンドー
데다	やけどをする	봉사	奉仕
밟다	踏む	활동	活動
안다	抱く	시장	市場
저금하다	貯金する	거짓말	嘘
가렵다	かゆい	우연히	偶然に、たまたま
친하다	親しい	~다는	~という
안전하다	安全だ	실컷	思う存分、飽きるほど
풍부하다	豊富だ、豊かだ		
대회	大会	아파트	アパート、マンション
대표	代表	다른 사람	ほかの人、他人
엄마	ママ、お母さん	피해	被害
동창생	同窓生	가끔	時々、たまに
사이	間、間柄	짖다	吠える
주름	しわ	동물	動物
복	福、幸福	시키다	させる
다큐멘터리	ドキュメンタリー	목욕(을) 시키다 《沐浴~》	風呂に入れる
신청서	申請書		
전망대	展望台	손이 가다	手がかかる
도둑	泥棒	잉꼬	インコ
목소리	声	손바닥	手のひら
건물	建物	애	子供（아이の縮約形）

文法解説

1. 受身の表現（～れる、～られる）

韓国語は日本語と比べると、受身の表現が使われる頻度は少ないと言われています。しかし、日本語や英語などと違って、受身形を作る一定の文法的ルールがないので注意が必要です。

受身形の作り方には、以下の1）2）3）がありますが、それぞれどんな場合に用いるかの基準はなく、動詞ごとに覚えなければなりません。

1）他動詞の語幹に受身の意を表す接尾辞이、히、리、기を付ける

どの接尾辞が付くかは、動詞ごとに決まっています。

①～이 : 놓이다(置かれる), 보이다(見える), 섞이다(混ざる),
　　　　 쌓이다(積もる), 쓰이다(使われる)…

②～히 : 닫히다(閉まる), 묻히다(埋まる), 밟히다(踏まれる),
　　　　 뽑히다(抜ける、選ばれる), 업히다(背負われる),
　　　　 잡히다(握られる)…

③～리 : 걸리다(掛かる), 물리다(かまれる), 밀리다(押される),
　　　　 열리다(開く), 풀리다(ほどける)…

④～기 : 감기다((髪を)洗われる), 끊기다(断たれる), 빼앗기다(奪われる),
　　　　 안기다(抱かれる), 쫓기다(追われる)…

2）動詞の語幹に아 / 어 / 여지다を付ける

～아 / 어 / 여지다は他動詞だけではなく、自動詞にも用いられますが、全ての用言に付けることはできません。次のような例があります。

깨지다(壊れる、壊される), 느껴지다(感じられる),
밝혀지다(はっきりさせられる), 이루어지다(成し遂げられる)…

23

3) 一部の～하다動詞は～하다を①～받다②～되다③～당하다に変える

～받다は「～される」の他に、받다の本来の意味をそのまま適用して、「～してもらう、～を受ける」と訳すこともあります。당하다の意味は「～される」です。

①대접받다(もてなしを受ける)，사랑받다(愛される)，소개받다(紹介してもらう)，연락받다(連絡を受ける)，존경받다(尊敬される)，초대받다(招待される)，칭찬받다(称賛される)…

②걱정되다(心配される)，구속되다(拘束される)，번역되다(翻訳される)，시작되다(始まる)，주목되다(注目される)…

③거절당하다(拒絶される)，제명당하다(除名される)，처형당하다(処刑される)，추방당하다(追放される)，퇴학당하다(退学に処せられる)…

2. 使役の表現（～せる、～させる）

使役形の作り方もいろいろありますが、受身と同様、一律に適用できるルールはありません。

1) 動詞や形容詞の語幹に使役の意を表す이,히,리,기,우,구,추を付ける

①～이 : 높이다(高める)，먹이다(食べさせる)，보이다(見せる)，
　　　　 붙이다(くっつく)，줄이다(減らす)…

②～히 : 넓히다(広げる)，밝히다(照らす、明るくする)，앉히다(座らせる)，
　　　　 익히다(実らせる)，읽히다(読ませる)…

③～리 : 날리다(飛ばす)，놀리다(遊ばせる)，알리다(知らせる)，
　　　　 얼리다(凍らせる)，울리다(泣かせる)，살리다(生かす)…

④～기 : 남기다(残す)，맡기다(任せる)，벗기다(脱がせる)，숨기다(隠す)，
　　　　 웃기다(笑わせる)…

⑤～우 : 깨우다(起こす)，비우다(空にする)，새우다(夜を明かす)，
　　　　 지우다(消す)，채우다(冷やす)…

⑥～구 : 돋구다(高める)，일구다(起こす)…

⑦～추 : 낮추다(下げる)，늦추다(遅らせる)，맞추다(合わせる)…

2) 動詞や形容詞の語幹に〜게 하다を付ける

〜게 하다は이、히、리、기、우、구、추より使用範囲が広い表現です。

가게 하다(行かせる)、가늘게 하다(細くする)、걷게 하다(歩かせる)、
기쁘게 하다(喜ばせる)、놀게 하다(遊ばせる)、듣게 하다(聞かせる)、
따뜻하게 하다(暖かくする)、먹게 하다(食べさせる)、살게 하다(生かす)、
슬프게 하다(悲しませる)、아름답게 하다(美しくする)、
일하게 하다(働かせる)、읽게 하다(読ませる)、차게 하다(冷やす)…

3) 動詞と一部の形容詞の語幹に〜게 만들다を付ける

〜게 만들다はいくぶん強制的な意味合いを含む表現です。

걱정하게 만들다(心配させる)、다치게 만들다(けがをさせる)、
창피하게 만들다(恥をかかせる)、화나게 만들다(怒らせる)…

4) 名詞＋하다動詞は、名詞＋시키다にする

〜게 만들다と名詞＋시키다のどちらを使うかは動詞によって決まっていますが、
両方使えるものもあります。

결혼시키다(結婚させる)、공부시키다(勉強させる)、여행시키다(旅行させる)、
연습시키다(練習させる)、유학시키다(留学させる)…

23

3. ～기로 하다 (～ (する) ことにする、～ (する) ようにする)

動詞と있다の語幹の後ろに기로 하다を付けると、これからしようと決めた内容を聞き手に知らせる表現になります。～기로の後ろには、「하다 (する)」の他に「정하다 (定める、決める)」「결심하다 (決心する)」「결정하다 (決定する)」「마음먹다 (心を決める)」などの動詞が続くのが普通です。

例) 어디서 만나기로 할까요?　　どこで会いましょうか。

회비를 천 원씩 모으기로 했어. 会費を 1,000 ウォンずつ集めることにしたよ。

누가 그렇게 하기로 결정했어요?

だれがそうすることに決めたんですか。

아침에 일찍 일어나기로 결심했어요.

朝早く起きることにしました。

언제나 밝게 살기로 마음먹었어.

いつも明るく生きようと決心した。

4. ～다가 (～するうちに、～する途中、～して)

～다가は、持続性を持つ用言の語幹の後ろに付いて、継続していた動作や状態が途中で次の動作や状態に移ることや、前の動作はそのまま進行しながら新しい動作が加えられることを表します。また、前と後ろの動作が何らかの因果関係を持っていて、後続の内容が好ましくない場合などを表す場合もあります。一方、았/었/였＋다가は、先行文の動作が完了・中断したあと、他の動作に移ることを意味します。

例) 일을 하다가 전화를 받았어요. 仕事中に電話を受けました。

잠을 자다가 무서운 꿈을 꾸었어요.

寝ている間に怖い夢を見ました。

운전을 하다가 사고를 냈어요. 運転中に事故を起こしました。

약속을 했다가 안 지키면 곤란해요.

約束をしたのに守らないのは困ります。

잠깐 백화점에 들렀다가 갈게. ちょっとデパートに寄ってから行くね。

연습 A

1. 전망대에 올라가면 뭐가   보여요?
   도둑이 경찰에게   잡혔어요.
   목소리가 작아서 안   들려요.
   그 친구하고는 소식이   끊겼어요.
   저 건물은 5년 전에   세워졌어요.

2. 한국의 고전 소설이 일본말로 번역되었어요.
   착한 일을 해서 아버지에게 칭찬받았어요.
   친한 선배한테 부탁했는데   거절당했어요.

3. 물을   끓여서 마시는 게 안전해요.
   새 옷을   입혔는데 벌써 더러워졌어요.
   음식을   남기지 말고 다 먹어요.
   내일은 일찍 깨우지 마세요.
   음악을 많이 듣게 하면 감정이 풍부해져요.

4. 수술을 받아야 하기 때문에   입원시켰어요.
   그림 공부하는 아들을 프랑스에 유학시켰어요.

5. 저녁은 동료들과 같이   먹기로 했어요.
   한 달에 5천 원씩 용돈을   주기로 했어요.
   저희들은 올해 안에   결혼하기로 했어요.
   노후에는 시골에서   살기로 했어요.

6. 회사에   가다가 잊은 물건이 있어서 돌아왔어요.
   집안 정리를   하다가 옛날 사진을 찾았어요.
   물을   끓이다가 손을 데었어요.
   회사에   갔다가 머리가 아파서 일찍 집에 왔어요.
   편지를   썼다가 다 찢어 버렸어요.

연습 B

1. 예 : 옆 사람이 내 발을 밟았어요.
   → 나는 옆 사람한테 발을 밟혔어요.
   1) 선배가 나한테 여자 친구를 소개했어요. →
   2) 개가 아이를 물었어요. →
   3) 선생님이 우리를 칭찬하셨어요. →
   4) 민수를 반장으로 뽑았어요. →

2. 예 : 코미디언 / 관객 / 웃다 → 코미디언이 관객을 웃겨요.
   1) 어머니 / 아기 / 옷을 입다 →
   2) 아버지 / 할머니 / 입원하다 →
   3) 형 / 동생 / 울다 →
   4) 손님 / 음식 / 남다 →

3. 예 : 문이 안 (열다).
   → 문이 안 열려요.
   1) 내일 아침 6시에 (깨다) 주세요. →
   2) 무슨 색 옷이 많이 (팔다)? →
   3) 아까 전차에서 발을 (밟다). →
   4) 모기에 (물다) 곳이 가려워요. →
   5) 동생에게 감기약을 (먹다). →
   6) 아기가 엄마 품에 (안다) 있어요. →

🔊 4. 예 : 매달 10만 원씩 저금해요.
130
　　　　→ 매달 10만 원씩 저금하기로 했어요.

　　1) 필요없는 물건은 안 사요. →

　　2) 다음달부터 태권도를 배워요. →

　　3) 여름 방학에 봉사 활동을 해요. →

　　4) 모자란 돈은 친구에게 빌려요. →

🔊 5. 예 : 학교에 가다 / 친구를 만나다
131
⇓　　　　→ 학교에 가다가 친구를 만났어요.

　　1) 책을 보다 / 잠이 들다 →

　　2) 축구를 하다 / 넘어지다 →

　　3) 영화를 보다 / 울다 →

　　4) 물을 끓이다 / 손을 데다 →

🔊 6. 예 : 생선을 사러 시장에 가다 / 없어서 그냥 오다
132
　　　　→ 생선을 사러 시장에 갔다가 없어서 그냥 왔어요.

　　1) 부모님한테 거짓말을 하다 / 야단 맞다 →

　　2) 창문을 열다 / 비가 와서 닫다 →

　　3) 옷을 사다 / 다른 색으로 바꾸다 →

　　4) 주가가 많이 오르다 / 다시 크게 떨어지다 →

23

제 24 과

🔊 기본 문형
133

1. 결혼 기념일에 목걸이를 선물한다고 했어요.

2. 배탈이 나서 밥을 못 먹는대요.

3. 한국말이 안 통하니까 통역을 데리고 가래요.

🔊 예문
134

1. 사장님은 오늘 모임에 안 오세요?
　──다른 일이 있어서 못 온다고 하셨어요.

2. 지각하는 사람은 벌금을 내게 하는 걸 어떻게 생각하세요?
　──좋은 방법이라고 생각해요.

3. 그렇게 위험한 일은 하지 말라고 하세요.
　──주위에서 아무리 말려도 소용이 없대요.

4. 부장님이 아까 왜 불렀어요?
　──한국에 출장을 가겠느내요.

5. 이 외국사람이 뭐라고 말하는 거예요?
　──남대문 앞에서 같이 사진을 찍재요.

6. 큰 지진이 일어났다고 하는데, 고향의 가족은 괜찮으세요?
　──연락이 오기만 기다리고 있어요.

7. 어제는 잘 잤어요?
　──일 때문에 네 시간밖에 못 잤어요.

基本文型

1. 結婚記念日にネックレスをプレゼントすると言いました。

2. お腹を壊してご飯が食べられないんですって。

3. 韓国語が通じないので、通訳を連れて行くようにと言ってます。

例文

1. 社長は今日の集まりにいらっしゃらないんですか。
——ほかの用事があって来られないとおっしゃいました。

2. 遅刻した人は罰金を払うようにすることをどう思いますか。
——いい方法だと思います。

3. そんなに危ないことはしないように言ってください。
——周りがいくら止めても無駄ですって。

4. 部長はさっき何の用で呼んだのですか。
——出張で韓国に行く気があるかと聞かれました。

5. この外国人は何と言っているんですか。
——南大門の前で一緒に写真を撮ろうって言ってます。

6. 大地震があったようですが、田舎のご家族は大丈夫ですか。
——連絡が来るのだけを待っています。

7. 昨日はよく寝ましたか。
——仕事のため4時間しか寝られませんでした。

24

소문

박성미 : 다나카 씨가 다음주에 한국을 떠나게 됐다는 얘기
　　　　 들으셨어요?

이영식 : 아뇨, 저는 처음 듣는데요. 일본으로 돌아가나요?

박성미 : 일본이 아니라 말레이시아로 전근 간대요.

이영식 : 그런데 그렇게 빨리 가야 된대요?

박성미 : 본사에 사정이 있어서 급히 가라고 한 것 같아요.

이영식 : 며칠밖에 안 남았는데 준비를 하려면 꽤 바쁘겠군요.

박성미 : 그리고 최영희 씨가 결혼하는 건 아세요?

이영식 : 그 소문은 들었어요.
　　　　 결혼을 하면 회사를 그만둔다고 하지요?

박성미 : 네, 남편을 따라서 영국에 간대요.

会話

噂

パクソン ミ
朴聖美：　田中さんが来週韓国をたつことになったという話、聞きましたか。

イ ヨンシク
李栄植：　いいえ、私は初耳ですよ。日本に帰るんですか。

パクソン ミ
朴聖美：　日本じゃなくて、マレーシアに転勤するんですって。

イ ヨンシク
李栄植：　ところでそんなに早く行かなきゃならないって言ってますか。

パクソン ミ
朴聖美：　本社に事情があって、急いで行くように言われたようですよ。

イ ヨンシク
李栄植：　数日しかないから、準備をするのにかなり忙しいでしょうね。

パクソン ミ
朴聖美：　それから崔永姫さんが結婚するのは知ってますか。

イ ヨンシク
李栄植：　その噂は聞きました。

　　　　　結婚したら会社を辞めるそうですね？

パクソン ミ
朴聖美：　ええ、ご主人についてイギリスに行くんですって。

この課で学ぶ文法

1.　～(이)라고 하다（～と言う、～だと言う）
2.　引用・伝聞の表現
3.　～만（～だけ、～ばかり、～さえ）
4.　～밖에（～しか）

24

배탈이 나다 ((～頓～))	腹を壊す、腹痛を起こす	내년	来年
통하다	通じる	농담 ((弄談))	冗談
데리고 가다	連れて行く	종합 ((綜合))	総合
말리다	やめさせる、止める	종업원	従業員
일어나다	発生する、起こる	메뉴	メニュー
달라(고 하)다	くれと言う、請う	스트레스	ストレス
풀다	和らげる、ほぐす	어버이	両親、父母
믿다	信じる	만화	漫画
권하다	勧める、誘う	차비 ((車費))	交通費
줄다	減る、減少する	몸무게	体重
다치다	けがをする、傷つく	담임	担任
놀라다	驚く、びっくりする	브라질	ブラジル
포기하다 ((抛棄～))	あきらめる、放棄する	과	課
틀리다	間違える、誤る、違う	맹장염	盲腸炎
위험하다	危険だ、危ない	안내원	案内員
소용(이) 없다 ((所用～))	役に立たない、無駄だ	회장	会長
		점	点
검다	黒い	여사원	女子社員
같다	同じ	대	対
시끄럽다	うるさい、やかましい	제일	第一、いちばん、最も
불가능하다	不可能だ	～데	所、場所
기념일	記念日	～끼리	～同士（で）
목걸이	首飾り、ネックレス		
통역	通訳	떠나다	たつ、離れる
모임	集まり、会合	～게 되다	～することになる
벌금	罰金	처음	初めて、最初
방법	方法	말레이시아	マレーシア
주위	周囲、周り	전근 가다	転勤する
출장	出張	본사	本社
남대문	南大門	사정	事情、訳、都合
지진	地震	급히	急いで
		준비	準備
		따르다	ついて行く、従う

文法解説

1.　～(이)라고 하다 (～と言う、～だと言う)

指定詞の～(이)다が引用を表す고と一緒になると다の部分が라に変わります。その後ろに「～と言う」という意味の하다が付いたのがこの形です。否定の指定詞아니다는아니라고 하다になります。母音で終わる体言の後ろでは～이라고 하다の이が落ちます。

例)　저는 스즈키라고 합니다만, 성함이 어떻게 되세요?
　　　　　　　　　私は鈴木と申しますが、お名前は何とおっしゃいますか。
　　　생선회는 일본말로 뭐라고 해요?
　　　　　　　　　センソンフェは日本語で何と言いますか。
　　　──사시미라고 해요.
　　　　　　　　　──刺身と言います。
　　　스시는 한국말로 초밥이라고 하지요.
　　　　　　　　　寿司は韓国語でチョバプと言いますよ。
　　　얼굴에 탈을 쓰고 추는 춤을 탈춤이라고 합니다.
　　　　　　　　　顔に面をかぶって踊る踊りをタルチュムと言います。

24

2. 引用・伝聞の表現

1）直接引用文

話し手の話をそのまま" "の中に入れ、そのあとに、

~라고/하고＋(말)하다（~と言う）/ 이야기하다（~と話す）/
　　　　　말씀하다（~とおっしゃる）/ 제안하다（~と提案する）/
　　　　　묻다（~と尋ねる）/ 그렇다（그래, 그래요, 그러세요など
　　　　　の形で「~ということだ」）などをつけます。

2）間接引用文

引用する部分は、文の種類や品詞などにより、以下のようになります。
~고の後ろには、直接引用文と同じく（말）하다/이야기하다/말씀하다などが
続きます。

叙述文の引用	疑問文の引用
①指定詞　　　(이)라고/아니라고	⑤存在詞・動詞の語幹＋(느)냐고
②存在詞・形容詞の語幹＋다고	⑥形容詞の語幹　　　　＋(으)냐고
③動詞（現在）の	⑦名詞・代名詞・数詞＋(이)냐고
母音・ㄹ（脱落）語幹＋ㄴ다고	※補助語幹：
子音語幹　　　　　＋는다고	~(으)시/~았・었/~겠＋(느)냐고
④補助語幹　　　　　＋다고	

⑧命令文の引用　動詞・있다の語幹＋(으)라고

⑨勧誘文の引用　動詞・있다の語幹＋자고

3）縮約形

①	~(이)라고 해요	→	(이)래요
②	~다고 해요	→	대요
③	~ㄴ/는다고 해요	→	ㄴ/는대요
④	~다고 해요	→	대요
⑤	~(느)냐고 해요	→	(느)내요
⑥	~(으)냐고 해요	→	(으)내요
⑦	~(이)냐고 해요	→	(이)내요
⑧	~(으)라고 해요	→	(으)래요
⑨	~자고 해요	→	재요

例）〈直接引用文〉

　“잘 했어요.”라고 칭찬해 주세요.　「よくできました。」と褒めてあげて
　　　　　　　　　　　　　　　　　　　　ください。

　“모두 앉아!”하고 명령했어요.　　「みんな、座って！」と命令しました。

〈間接引用文〉

① 여기가 남산이래요.　　　　　ここが南山だと言っていますよ。
　 그 사람도 자기 게 아니래요.　その人も自分のではないと言っています。
② 지금은 서울에 있다고 해요.　今はソウルにいると言っています。
　 밥이 너무 많대요.　　　　　　ご飯が多すぎると言っています。
③ 매일 도서관에 간대요.　　　　毎日図書館に行くそうです。
　 날마다 집안일을 돕는대요.　　毎日家事を手伝っていると言っています。
④ 어제는 음악회에 갔대요.　　　昨日は音楽会に行ってたと言っています。
⑤ 다른 사전은 없느냐고 묻는데요.

　　　　　　　　　　　　　　　他の辞書はないかと聞いていますが。

　 혼자 어디에 가느내요.　　　　一人でどこへ行くのかと聞いていますよ。
⑥ 새 옷이 너무 크냐고 하는데요.新しい服は大きすぎるかと聞いていますが。
⑦ 이 물건 진짜냐고 물어 보세요.この品物、本物かどうか聞いてみてください。
⑧ 의사가 체중을 줄이래요.　　　医者から体重を減らすようにと言われました。
⑨ 일요일에 낚시 가재요.　　　　日曜日釣りに行こうと言っています。

※～(고) 전해 주세요/주십시오.：(～と) お伝えください。
　 안부 말씀 전해 주세요.　　　　よろしくお伝えください。
　 몸조리 잘 하라고 전해 주십시오. お大事にとお伝えください。

3.　～만（～だけ、～ばかり、～さえ）

～만は体言、助詞、副詞、語尾などに付いて、①限定や②強調の意味などを
表します。

例）①　밥만 먹지 말고, 반찬도 먹어.

　　　　　　　　　　　　　　ご飯ばかり食べないで、おかずも食べな。

　　　오늘은 오전에만 일합니다. 今日は午前中だけ仕事をします。
　　　지도만 있으면 어디든지 갈 수 있지요?

　　　　　　　　　　　　　　地図さえあればどこにでも行けますよね。
　　②　오후만 되면 눈이 피로해요. 午後になるといつも目が疲れます。
　　　거짓말만 하고 약속을 안 지켜요.

　　　　　　　　　　　　　　嘘ばかり言って、約束を守りません。

4.　～밖에（～しか）

体言と一緒に使われ、後ろにはあにだ以外の否定や不可能の表現が続き、
「～しか（でき）ない」という意味になるのが普通です。
～밖에는は～밖에の強調形です。～ㄹ/을 수 밖에 없다は「～するしかない、
～せざるをえない」の意味になります。

例）하나밖에 없는 아들이 외아들이다.

　　　　　　　　　　　　　　一人しかいない息子が一人息子だよ。
　　한 15분밖에 안 걸릴 거예요. 15分位しかかからないでしょう。
　　저는 한국말을 조금밖에 못해요.

　　　　　　　　　　　　　　私は韓国語が少ししかできません。
　　한 명씩밖에는 못 들어갑니다. 一人ずつしか入れません。
　　단어를 많이 외울 수 밖에 없어요.

　　　　　　　　　　　　　　単語をたくさん覚えるしかありません。

164

연습 A

1. 그 사람은 검은 색 옷만　　　입는다고 해요.
　 내년에 꼭　　　　　　　　　오겠다고 약속했어요.
　 아까 한 말은　　　　　　　농담이라고　말했어요.

2. 이름이　　　뭐냐고　해요.
　 어떤 선물이 좋으냐고 물어 봤어요.
　 종합 병원이 없느냐고 물었어요.

3. 병이 나을 때까지 회사를 쉬라고 하세요.
　 종업원에게 메뉴를 보여　달라고　했어요.

4. 수업중에는 한국말로　　　하자고 하세요.
　 노래방에 가서 스트레스를 풀자고 말했어요.

5. 일본이 3 대 2 로　　　　　　이겼대요.
　 한국에서 5 월 8 일은　　어버이날이래요.
　 집안일 중에 뭐가 제일　　　귀찮으내요.
　 의사가 술을　　　　　　마시지 말래요.
　 이름을 한자로　　　　　써 달래요.
　 만화 영화를 보러　　　　　가재요.

6. 제 말을　한 번만 믿어 주세요.
　 휴일에는　잠만 자요.

7. 저는 하루에 다섯 시간밖에 안 자요.
　 지금 지갑에　　만 원밖에 없어요.

24

연습 B

🔊 1.　예 : 영수 씨가 말했다
137
⇩　　　→ 영수 씨가 내일 아침에 전화하겠다고 말했어요.

　　1) 회사 동료가 권했다 →

　　2) 경찰이 물었다 →

　　3) 선생님이 하셨다 →

　　4) 제가 말했다 →

| 예 | 내일 아침에 전화할게요. | 1 | 점심을 같이 먹읍시다. | 2 | 나이가 몇 살이에요? |
| 3 | 내일까지 번역하세요. | 4 | 회의 시간이 너무 길어요. | | |

🔊 2.　예 : 차비가 없어서 걸어 왔어요.
138
　　　　　→ 차비가 없어서 걸어 왔대요.

　　1) 여름이 되면 몸무게가 줄어요. →

　　2) 저 분이 담임 선생님이에요. →

　　3) 이 약을 먹으면 잘 나아요. →

　　4) 브라질이 영국에게 이겼어요. →

🔊 3.　예 : 어느 사전이 좋아요?
139
　　　　　→ 어느 사전이 좋으내요.

　　1) 다친 데가 많이 아파요? →

　　2) 운전을 할 줄 알아요? →

　　3) 같은 과에 친한 사람이 있어요? →

　　4) 갑자기 찾아와서 놀랐어요? →

🔊 4. 예 : 의사가 뭐래요?
140
⇓   → 맹장염이니까 입원을 하래요.

1) 이웃집 사람이 뭐래요? →

2) 안내원이 뭐래요? →

3) 선생님이 뭐래요? →

4) 친구가 뭐래요? →

🔊 5. 예 : 수미 씨 / 친구 집에 놀러 갑시다.
141
       → 수미 씨가 친구 집에 놀러 가재요.

1) 다나카 씨 / 내일 만나지 맙시다. →

2) 회장 / 지각하는 사람은 벌금을 냅시다. →

3) 영수 씨 / 그 점에 대해서 얘기 좀 합시다. →

4) 과장님 / 우리 과 사람들끼리 저녁을 먹읍시다. →

24

🔊 6. 예 : 어제 네 시간 잤어요.
142
       → 어제 네 시간밖에 못 잤어요.

1) 우리 회사에는 여사원이 열 명 있어요. →

2) 술은 조금 마셔요. →

3) 수업에 두 명 왔어요. →

4) 이번 시험은 한 문제 틀렸어요. →

제25과

◀)) 기본 문형

1. 신문을 보면서 면도를 해요.

2. 비행기가 몇 시에 도착하는지 가르쳐 주시겠어요?

3. 잘 얘기하면 값을 깎아 줄지도 몰라요.

◀)) 예문

1. 운전을 하면서 전화를 하면 위험해요.
   ——그럼 대신에 전화 좀 받아 주시겠어요?

2. 어제 이차는 어디로 갔어요?
   ——취해서 어디로 갔는지 기억이 안 나요.

3. 아리랑이라는 민요를 아세요?
   ——어떤 노래인지 한 번 불러 보세요.

4. 저 댁 자녀들은 효자 효녀로 소문이 났지요?
   ——네, 얼마나 부러운지 모르겠어요.

5. 입에 맞으실지 모르겠지만 많이 드세요.
   ——다 맛있어 보이는데요. 잘 먹겠습니다.

6. 비닐 봉지를 좀 써도 될까요?
   ——네, 필요한 만큼 가지고 가세요.

7. 뮤지컬 표가 남아 있을까요?
   ——매진됐을지도 모르니까 전화로 물어 보세요.

基本文型

1. 新聞を読みながらひげを剃ります。

2. 飛行機が何時に到着するか教えていただけますか。

3. うまく交渉すれば、値段をまけてくれるかもしれません。

例文

1. 運転しながら電話すると危ないですよ。
   ——じゃ、代わりに電話に出てくれませんか。

2. 昨日、二次会はどこへ行ったんですか。
   ——酔っていたので、どこへ行ったか覚えていません。

3. アリランという民謡を知ってますか。
   ——どんな歌なのか、一度歌ってみてください。

4. あのお宅のお子さんたちは親孝行で評判ですよね。
   ——ええ、本当に羨ましいですね。

5. お口に合うかどうかわかりませんが、たくさん召し上がってください。
   ——どれもおいしそうですね。いただきます。

6. ビニール袋を使ってもいいでしょうか。
   ——はい、必要なだけ持って行ってください。

7. ミュージカルのチケットは残っているでしょうか。
   ——売り切れたかもしれませんから、電話で聞いてみてください。

25

송별회

박성미 : 다나카 씨, 전근 축하합니다.
　　　　승진까지 되셨다고 하니 정말 좋으시겠어요.

다나카 : 감사합니다. 그동안 정말 신세 많이 졌어요.

박성미 : 무슨 말씀이세요? 저야말로 여러 가지로 고마웠어요.

다나카 : 그런데 이영식 씨가 안 보이는데, 오늘 못 오시나요?

박성미 : 아침에 출근하다가 만났는데, 사정이 있어서 좀 늦을지도
　　　　모른대요.

다나카 : 여러분들하고 정이 들어서 한국을 떠나기가 서운하네요.

박성미 : 가끔 한국에 놀러 오세요.

다나카 : 당분간은 바빠서 못 오겠지만, 여름 휴가에는 올 수
　　　　있을지도 모르겠어요.

박성미 : 오시면 꼭 연락을 하세요.

会話

送別会

朴聖美<ruby>朴聖美<rt>パクソン ミ</rt></ruby>： 田中さん、転勤おめでとうございます。

昇進までなさったなんて、うれしいでしょう。

田中 ： ありがとうございます。今まで本当にお世話になりました。

<ruby>朴聖美<rt>パクソン ミ</rt></ruby>： とんでもないです。こちらこそいろいろとありがとうございました。

田中 ： ところで李栄植<ruby>李栄植<rt>イ ヨンシク</rt></ruby>さんが見えませんが、今日来られないんですか。

<ruby>朴聖美<rt>パクソン ミ</rt></ruby>： 朝、出勤の途中で会ったんですが、都合で少し遅れるかもしれないと

言っていました。

田中 ： 皆さんと親しくなって、韓国をたつのが寂しいですね。

<ruby>朴聖美<rt>パクソン ミ</rt></ruby>： 時々韓国に遊びに来てください。

田中 ： 当分は忙しくて来られないと思いますが、夏休みには来られるかもし

れません。

<ruby>朴聖美<rt>パクソン ミ</rt></ruby>： いらっしゃったら、必ず連絡してくださいね。

この課で学ぶ文法

1. ～면서 / 으면서 （～（し）ながら、～すると同時に、～のに）
2. ～는지 / ㄴ지 / 은지 / ㄹ지 / 을지 （～のか）
3. ～ㄹ / 을지도 모르다 （～かもしれない）
4. ～만큼 （～くらい、～ほど）

25

면도(를) 하다 ((面刀~))	ひげをそる	콧노래	鼻歌
취하다	酔う	설거지	皿洗い、後片づけ
기억이 나다 ((記憶~))	思い出す	껌	チューインガム
매진되다 ((賣盡~))	売り切れる	집중	集中
씹다	噛む	사고방식 ((思考方式))	思考、考え方
확인하다	確認する	눈물	涙
조사하다	調査する、調べる	기분	気分、気持ち、機嫌
나다	出る	정	情、愛情
날아가다	飛んで行く	떡	餅
기대하다	期待する	효과	効果
새우다 〈밤을 ～〉	〈夜を〉明かす、徹夜する	가수	歌手
세다	数える	배꼽	へそ
살피다	調べる、伺う	쥐구멍	ねずみの穴
배꼽을 잡다	腹を抱える	성격	性格
노력하다	努力する	멀미	(乗り物)酔い、吐き気
풀다	解く、解き明かす	유리 ((琉璃))	ガラス
깨지다	壊れる、割れる	저절로	自然に、ひとりでに
부럽다	うらやましい	얼마나	どんなに
기쁘다	うれしい	~에라도	~にでも
~ 같다	~みたいだ	누구나	誰でも
우습다	おかしい、面白い、こっけいだ	모든 ~	すべての~、あらゆる~
부끄럽다	恥ずかしい	승진되다	昇進する(ことになる)
쌀쌀하다	冷たい、冷淡だ	~니/으니	~から、~ので
이차	二次、二次会	신세를 지다	世話になる、面倒をかける
아리랑	アリラン	~야말로/이야말로	~こそ
민요	民謡	여러 가지	いろいろなこと
효자 ((孝子))	孝行息子、親孝行	여러분	皆さん、皆様
효녀 ((孝女))	孝行娘	정(이) 들다	情が移る、慣れ親しむ
비닐	ビニール	서운하다	名残惜しい、寂しい
뮤지컬	ミュージカル	당분간	当分の間、しばらく

文法解説

1. ～면서／으면서（～（し）ながら、～すると同時に、～のに）

～(으)면서は用言の語幹の後ろに付いて、2つの動作や状態が同時に起こることを表します。その際、先行文と後続文の主語は必ず一致します。
文脈によっては逆接の意味になります。

～（し）ながら ～すると同時に ～のに	母音・ㄹ語幹＋　면서 子音語幹　　＋으면서

例）그는 영문학자이면서 수필가였어요.

　　　　　　　　彼は英文学者であると同時に随筆家でした。

　　당분간 여기 있으면서 잘 생각해 보려고 해요.

　　　　　　　　当分の間ここにいてよく考えてみるつもりです。

　　큰 소리로 발음하면서 외우세요.

　　　　　　　　大きい声で発音しながら覚えてください。

　　스스로 학비를 벌면서 대학에 다녔답니다.

　　　　　　　　自分で学費を稼ぎながら大学に通っていたそうです。

　　언제나 밝게 웃으면서 생활합시다.

　　　　　　　　いつも明るい笑顔で生活しましょう。

　　짐도 없으면서 왜 택시를 타요?

　　　　　　　　荷物もないのに、どうしてタクシーに乗るんですか。

　　그 시장에는 싸면서도 좋은 물건이 많대요.

　　　　　　　　その市場は安くていい品が多いそうです。

　　아는 게 많으면서도 겸손한 사람이래요.

　　　　　　　　知っていることが多いのに、謙虚な人だそうです。

25

2. ～는지 / ㄴ지 / 은지 / ㄹ지 / 을지 (～のか)

ある事実を確認する意味を持つ語尾で、後ろには、알다(知っている), 모르다(知らない), 말하다(言う、話す), 이해하다(理解する), 기억하다(覚えている), 잊(어버리)다(忘れる) などの動詞が続くことが多いです。
前に얼마나を付けると強調の意味になります。

区分	動詞・存在詞	形容詞・指定詞
現在	～는지	～ㄴ지 / 은지
未来・推量	～ㄹ지 / 을지	
過去	～았는지 / ～었는지 / ～였는지	

※現在と未来・推量の場合、「ㄹ語幹」の「ㄹ」は脱落します。

例) 국제 전화를 어떻게 거는지 아십니까?
　　　　　　　　　　국際電話のかけ方をご存じですか。
　　민속촌이 어디에 있는지 가르쳐 주세요.
　　　　　　　　　　民俗村はどこにあるのか教えてください。
　　무슨 내용인지 이해할 수 있어요?
　　　　　　　　　　どんな内容なのか理解できますか。
　　손님이 몇 분이나 올지 알아보세요.
　　　　　　　　　　お客さんが何人ぐらい来るのか確認してください。
　　그 때 무슨 얘기를 했는지 잊어버렸어요.
　　　　　　　　　　そのとき何の話をしたのか忘れてしまいました。
　　얼마나 바쁜지 밥먹을 시간도 없어요.
　　　　　　　　　　とても忙しくて、ご飯を食べる時間もありません。

3. ~ㄹ지도 / 을지도 모르다 (～かもしれない)

2のいろいろな表現の中でも特に使われる頻度が高いのがこの表現です。

例) 오후에는 비가 올지도 몰라요. 午後は雨が降るかもしれません。
　　음식이 좀 달지도 모르겠어요. 料理が少し甘いかもしれません。
　　오늘은 문을 일찍 닫을지도 몰라.

　　　　　　　　　　　今日は店を早く閉めるかもしれない。

25

4. ～만큼 (～くらい、～ほど)

～만큼は、①「体言＋만큼」の形で、程度が似ていることや一定の限度を示す
助詞として使われたり、②「用言の語幹＋는，ㄴ/은，ㄹ/을＋만큼」の形で、
程度が似ていることや、程度の根拠になることを示す形式名詞として使われたり
します。

例) ① 일본인만큼 부지런한 국민도 드물 거예요.

　　　　　日本人ほど勤勉な国民も少ないでしょう。

　　　여러분, 한국어만큼 쉬운 외국어도 없지요?

　　　　　皆さん、韓国語ほど易しい外国語もないでしょう？

② 결국은 남에게 베푸는 만큼 돌아오는 겁니다.

　　　　　結局は他人に施した分だけ戻ってくるのです。

　　　남의 도움을 받을 만큼 가난하지는 않은 것 같습니다.

　　　　　他人の援助を受けなければならないほど貧しくはないようです。

　　　땀을 흘린 만큼 물을 마시도록 하세요.

　　　　　汗を流した分だけ水を飲むようにしてください。

　　　역시 품질이 좋은 만큼 값도 비싸네요.

　　　　　やはり品質がいい分、値段も高いですね。

　　　모두가 깜짝 놀랄 만큼 한국말이 유창하대요.

　　　　　皆がびっくりするほど韓国語が流暢だそうです。

연습 A

1. 콧노래를 부르면서 설거지를 해요.
   껌을 씹으면서 야구를 하네요.
   음악을 들으면서 공부하면 집중이 안돼요.

2. 비상구가 어디인지 모르겠어요.
   어느 나라 사람인지 아세요?

3. 예약이 됐는지 확인하세요.
   다른 약속이 없는지 물어보세요.
   구두가 발에 맞는지 신어 봐도 돼요?
   회의가 언제 끝날지 모르겠어요.

4. 사고방식이 어떻게 다른지 조사해 보세요.
   얼마나 기쁜지 눈물이 났어요.
   기분이 얼마나 좋은지 날아갈 것 같아요.

5. 우리 아버지만큼 정이 많은 사람도 없어요.
   기대한 만큼 좋은 결과가 나올지 모르겠어요.
   밤을 새울 만큼 숙제가 많지는 않아요.

6. 돈이 모자랄지도 몰라요.
   내일은 한가할지도 모르겠어요.
   그 사람 말이 맞을지도 모르겠어요.

연습 B

🔊 1.　예 : 사전을 찾다 / 번역을 하다 → 사전을 찾으면서 번역을 해요.
147
↓ 　1) 음악을 듣다 / 운전을 하다 →

　　2) 술을 마시다 / 이야기를 하다 →

　　3) 이를 닦다 / 신문을 보다 →

　　4) 걷다 / 담배를 피우다 →

🔊 2.　예 : 떡이 몇 개 있어요? / 세어 보세요.
148
　　　　 → 떡이 몇 개 있는지 세어 보세요.

　　1) 다친 데가 없어요? / 살펴 보세요. →

　　2) 짐이 도착했어요? / 물어 보세요. →

　　3) 그 소문이 정말이에요? / 확인해 보세요. →

　　4) 왜 회사를 그만두었어요? / 말해 보세요. →

🔊 3.　예 : 친구들이 몇 시에 왔어요?
149
↓ 　　　 → 친구들이 몇 시에 왔는지 모르겠어요.

　　1) 저기 서 있는 분이 누구예요? →

　　2) 성미 씨가 누구를 만나러 가요? →

　　3) 어디가 아파요? →

　　4) 다이어트를 한 효과가 있어요? →

🔊 4. 예 : 기분이 좋아요. / 저절로 콧노래가 나와요.
150
　　　→ 얼마나 기분이 좋은지 저절로 콧노래가 나와요.

　1) 노래를 잘해요. / 가수 같아요. →

　2) 우스워요. / 배꼽을 잡고 웃었어요. →

　3) 부끄러워요. / 쥐구멍에라도 들어가고 싶었어요. →

　4) 성격이 쌀쌀해요. / 다들 무서워해요. →

🔊 5. 예 : 영어 / 한국어를 할 수 있으면 좋겠어요.
151
　　　→ 영어만큼 한국어를 할 수 있으면 좋겠어요.

　1) 어머니 / 부지런한 사람은 없을 거예요. →

　2) 노력하다 / 성적이 올랐어요. →

　3) 누구나 풀 수 있다 / 쉬운 문제예요. →

　4) 모든 사람에게 들리다 / 큰 소리로 읽어 보세요. →

🔊 6. 예 : 비가 오다 / 우산을 가져가다
152
　　　→ 비가 올지도 모르니까 우산을 가져가세요.

　1) 주차장이 없다 / 차를 두고 가다 →

　2) 멀미를 하다 / 멀미약을 먹다 →

　3) 늦게 가다 / 먼저 식사하다 →

　4) 유리가 깨지다 / 조심해서 들다 →

用言活用表

区分	原形	～아 / 어 주세요 （～してください）	～아서 / 어서 （～するので、 ～ので）	～네요 （～ですね、 しますね）
母音語幹	타다（乗る）	타 주세요	타서	타네요
	시키다（注文する）	시켜 주세요	시켜서	시키네요
子音語幹	받다（もらう、受ける）	받아 주세요	받아서	받네요
	먹다（食べる）	（먹어 주세요）	먹어서	먹네요
ㄹ（리을）語幹	살다（住む、生きる）	살아 주세요	살아서	사네요
	걸다（かける）	걸어 주세요	걸어서	거네요
ㅂ（비읍）変則	돕다（手伝う）	도와 주세요	도와서	돕네요
	맵다（辛い）	——	매워서	맵네요
ㄷ（디귿）変則	걷다（歩く）	걸어 주세요	걸어서	걷네요
	묻다（尋ねる）	물어 주세요	물어서	묻네요
으変則	쓰다（書く）	써 주세요	써서	쓰네요
	끄다（消す）	꺼 주세요	꺼서	끄네요
하変則	말하다（話す）	말해 주세요	말해서	말하네요
	일하다（働く）	일해 주세요	일해서	일하네요
ㅎ（히읗）変則	파랗다（青い）	——	파래서	파랗네요
	그렇다（そうだ）	——	그래서	그렇네요
르変則	고르다（選ぶ）	골라 주세요	골라서	고르네요
	이르다（早い）	——	일러서	이르네요
ㅅ（시옷）変則	낫다（治る、優れている）	——	나아서	낫네요
	붓다（注ぐ）	부어 주세요	부어서	붓네요

~ㄹ/을 수 있다 （〜することができる）	~ㄹ/을 수 없다 （〜することができない）	못~ （〜できない）	~지 못하다 （〜できない）
탈 수 있다 시킬 수 있다	탈 수 없다 시킬 수 없다	못 타다 못 시키다	타지 못하다 시키지 못하다
받을 수 있다 먹을 수 있다	받을 수 없다 먹을 수 없다	못 받다 못 먹다	받지 못하다 먹지 못하다
살 수 있다 걸 수 있다	살 수 없다 걸 수 없다	못 살다 못 걸다	살지 못하다 걸지 못하다
도울 수 있다 ――	도울 수 없다 ――	못 돕다 ――	돕지 못하다 ――
걸을 수 있다 물을 수 있다	걸을 수 없다 물을 수 없다	못 걷다 못 묻다	걷지 못하다 묻지 못하다
쓸 수 있다 끌 수 있다	쓸 수 없다 끌 수 없다	못 쓰다 못 끄다	쓰지 못하다 끄지 못하다
말할 수 있다 일할 수 있다	말할 수 없다 일할 수 없다	말 못 하다 일 못 하다	말하지 못하다 일하지 못하다
―― ――	―― ――	―― ――	―― ――
고를 수 있다 ――	고를 수 없다 ――	못 고르다 ――	고르지 못하다 ――
나을 수 있다 부을 수 있다	나을 수 없다 부을 수 없다	못 낫다 못 붓다	낫지 못하다 붓지 못하다

区分	~ㄹ/을 줄 알다 (~することができる)	~ㄹ/을 줄 모르다 (~することができない)	~ㄹ래요/을래요 (~するつもりです)
母音語幹	탈 줄 알다 시킬 줄 알다	탈 줄 모르다 시킬 줄 모르다	탈래요 시킬래요
子音語幹	받을 줄 알다 먹을 줄 알다	받을 줄 모르다 먹을 줄 모르다	받을래요 먹을래요
ㄹ(리을) 語幹	살 줄 알다 걸 줄 알다	살 줄 모르다 갈 줄 모르다	살래요 걸래요
ㅂ(비읍) 変則	도울 줄 알다 ——	도울 줄 모르다 ——	도울래요 ——
ㄷ(디귿) 変則	걸을 줄 알다 물을 줄 알다	걸을 줄 모르다 물을 줄 모르다	걸을래요 물을래요
으 変則	쓸 줄 알다 끌 줄 알다	쓸 줄 모르다 끌 줄 모르다	쓸래요 끌래요
하 変則	말할 줄 알다 일할 줄 알다	말할 줄 모르다 일할 줄 모르다	말할래요 일할래요
ㅎ(히읗) 変則	—— ——	—— ——	—— ——
르 変則	고를 줄 알다 ——	고를 줄 모르다 ——	고를래요 ——
ㅅ(시옷) 変則	나을 줄 알다 부을 줄 알다	나을 줄 모르다 부을 줄 모르다	—— 부을래요

~ㄹ/을 거예요 (~するでしょう、 ~でしょう)	~면/으면 (~すると、~と、 ~すれば、~ければ、 ~なら)	~니까/으니까 (~するから、 ~から)	~아야겠다/어야겠다 (~するつもりだ、 ~しなければならない、 ~なければならない)
탈 거예요 시킬 거예요	타면 시키면	타니까 시키니까	타야겠다 시켜야겠다
받을 거예요 먹을 거예요	받으면 먹으면	받으니까 먹으니까	받아야겠다 먹어야겠다
살 거예요 걸 거예요	살면 걸면	사니까 거니까	살아야겠다 걸어야겠다
도울 거예요 매울 거예요	도우면 매우면	도우니까 매우니까	도와야겠다 매워야겠다
걸을 거예요 물을 거예요	걸으면 물으면	걸으니까 물으니까	걸어야겠다 물어야겠다
쓸 거예요 끌 거예요	쓰면 끄면	쓰니까 끄니까	써야겠다 꺼야겠다
말할 거예요 일할 거예요	말하면 일하면	말하니까 일하니까	말해야겠다 일해야겠다
파랄 거예요 그럴 거예요	파라면 그러면	파라니까 그러니까	파래야겠다 그래야겠다
고를 거예요 이를 거예요	고르면 이르면	고르니까 이르니까	골라야겠다 ——
나을 거예요 부을 거예요	나으면 부으면	나으니까 부으니까	나아야겠다 부어야겠다

用言活用表

区分	～아야/어야 되다 (～しなければならない、 ～なければならない)	～아도/어도 되다 (～してもいい、 ～くてもいい、 ～でもいい)	～면/으면 안되다 (～してはいけない、 ～くてはいけない、 ～ではいけない)
母音語幹	타야 되다 시켜야 되다	타도 되다 시켜도 되다	타면 안되다 시키면 안되다
子音語幹	받아야 되다 먹어야 되다	받아도 되다 먹어도 되다	받으면 안되다 먹으면 안되다
ㄹ(리을)語幹	살아야 되다 걸어야 되다	살아도 되다 걸어도 되다	살면 안되다 걸면 안되다
ㅂ(비읍)変則	도와야 되다 매워야 되다	도와도 되다 매워도 되다	도우면 안되다 매우면 안되다
ㄷ(디귿)変則	걸어야 되다 물어야 되다	걸어도 되다 물어도 되다	걸으면 안되다 물으면 안되다
으変則	써야 되다 꺼야 되다	써도 되다 꺼도 되다	쓰면 안되다 끄면 안되다
하変則	말해야 되다 일해야 되다	말해도 되다 일해도 되다	말하면 안되다 일하면 안되다
ㅎ(히읗)変則	파래야 되다 그래야 되다	파래도 되다 그래도 되다	파라면 안되다 그러면 안되다
르変則	골라야 되다 일러야 되다	골라도 되다 일러도 되다	고르면 안되다 이르면 안되다
ㅅ(시옷)変則	나아야 되다 부어야 되다	나아도 되다 부어도 되다	나으면 안되다 부으면 안되다

～아/어 보다 (～してみる)	～아/어 버리다 (～してしまう)	～아/어 있다 (～している)	～고 있다 (～している)
타 보다 시켜 보다	타 버리다 시켜 버리다	타 있다 ——	타고 있다 시키고 있다
받아 보다 먹어 보다	받아 버리다 먹어 버리다	—— ——	받고 있다 먹고 있다
살아 보다 걸어 보다	살아 버리다 걸어 버리다	살아 있다 ——	살고 있다 걸고 있다
도와 보다 ——	(도와 버리다) ——	—— ——	돕고 있다 ——
걸어 보다 물어 보다	(걸어 버리다) (물어 버리다)	—— ——	걷고 있다 묻고 있다
써 보다 꺼 보다	써 버리다 꺼 버리다	써 있다 ——	쓰고 있다 끄고 있다
말해 보다 일해 보다	말해 버리다 (일해 버리다)	—— ——	말하고 있다 일하고 있다
—— ——	—— ——	—— ——	—— ——
골라 보다 ——	골라 버리다 ——	—— ——	고르고 있다 ——
나아 보다 부어 보다	나아 버리다 부어 버리다	—— ——	낫고 있다 붓고 있다

区分	～ㄴ/은 적이 있다 (～したことがある、 ～かったことがある、 ～だったことがある)	～ㄴ/는 것 같다 (～するようだ、 ～ようだ、～そうだ)	～ㄹ/을 것 같다 (～しそうだ、～そうだ)
母音語幹	탄 적이 있다 시킨 적이 있다	타는 것 같다 시키는 것 같다	탈 것 같다 시킬 것 같다
子音語幹	받은 적이 있다 먹은 적이 있다	받는 것 같다 먹는 것 같다	받을 것 같다 먹을 것 같다
ㄹ(리을)語幹	산 적이 있다 건 적이 있다	사는 것 같다 거는 것 같다	살 것 같다 걸 것 같다
ㅂ(비읍)変則	도운 적이 있다 ——	돕는 것 같다 매운 것 같다	도울 것 같다 매울 것 같다
ㄷ(디귿)変則	걸은 적이 있다 물은 적이 있다	걷는 것 같다 묻는 것 같다	걸을 것 같다 물을 것 같다
으変則	쓴 적이 있다 끈 적이 있다	쓰는 것 같다 끄는 것 같다	쓸 것 같다 끌 것 같다
하変則	말한 적이 있다 일한 적이 있다	말하는 것 같다 일하는 것 같다	말할 것 같다 일할 것 같다
ㅎ(히읗)変則	—— ——	파란 것 같다 그런 것 같다	파랄 것 같다 그럴 것 같다
르変則	고른 적이 있다 ——	고르는 것 같다 이른 것 같다	고를 것 같다 이를 것 같다
ㅅ(시옷)変則	나은 적이 있다 부은 적이 있다	낫는 것 같다 붓는 것 같다	나을 것 같다 부을 것 같다

～ㄹ게요/을게요 (～します、 　～しますからね)	～려고/으려고 하다 (～しようと思う)	～ㄹ/을 테니까 (～するから、 　～するつもりだから)	～ㄹ지도/을지도 모르다 (～するかもしれない、 　～かもしれない)
탈게요 시킬게요	타려고 하다 시키려고 하다	탈 테니까 시킬 테니까	탈지도 모르다 시킬지도 모르다
받을게요 먹을게요	받으려고 하다 먹으려고 하다	받을 테니까 먹을 테니까	받을지도 모르다 먹을지도 모르다
살게요 걸게요	살려고 하다 걸려고 하다	살 테니까 걸 테니까	살지도 모르다 걸지도 모르다
도울게요 ――	도우려고 하다 ――	도울 테니까 매울 테니까	도울지도 모르다 매울지도 모르다
걸을게요 물을게요	걸으려고 하다 물으려고 하다	걸을 테니까 물을 테니까	걸을지도 모르다 물을지도 모르다
쓸게요 끌게요	쓰려고 하다 끄려고 하다	쓸 테니까 끌 테니까	쓸지도 모르다 끌지도 모르다
말할게요 일할게요	말하려고 하다 일하려고 하다	말할 테니까 일할 테니까	말할지도 모르다 일할지도 모르다
―― ――	―― ――	파랄 테니까 그럴 테니까	파랄지도 모르다 그럴지도 모르다
고를게요 ――	고르려고 하다 ――	고를 테니까 이를 테니까	고를지도 모르다 이를지도 모르다
나을게요 부을게요	나으려고 하다 부으려고 하다	나을 테니까 부을 테니까	나을지도 모르다 부을지도 모르다

助詞 ※番号は課を表します。

1. ～보다：～より
   저는 영화보다 연극을 좋아합니다. (11)　私は映画より演劇が好きです。
   버스보다는 전철을 많이 이용해요. (11)

   バスよりは電車をよく利用します。

   그저께보다도 어제가 추웠어요. (11)

   一昨日よりも昨日の方が寒かったです。

2. ～로/으로：～に、～へ
   넓은 집으로 이사가고 싶어요. (12)　　広い家に引っ越ししたいです。
   신호에서 왼쪽으로 돌면 병원이 보여요. (17)

   信号を左へ曲がると病院が見えます。

   말레이시아로 전근 간대요. (24)　　マレーシアへ転勤するそうです。

3. ～만：～だけ、～ばかり、～さえ
   약도만 주세요. (13)　　　　　　　　略図だけください。
   조금만 잘라 주세요. (14)　　　　　　少しだけ切ってください。
   다른 사람에게 피해만 주지 않으면 괜찮아요. (24)

   他の人に迷惑さえかけなければいいですよ。

4. ～처럼：～のように
   새처럼 하늘을 날고 싶어요. (14)　　鳥のように空を飛びたいです。
   농구 선수처럼 키가 커요. (14)

   バスケットボール選手のように背が高いです。

   이 사진의 배우처럼 하고 싶은데요. (14)

   この写真の俳優のようにしたいんですが。

5. ～나/이나：～でも
   같이 식사나 하시죠. (18)　　　　　　一緒に食事でもしましょう。

188

6. ～나 / 이나 : ～や、～か
　　 커피나 홍차를 마시고 싶어요．(19)　　 コーヒーか紅茶を飲みたいです。
　　 심심하시면 신문이나 잡지를 보시겠어요? (19)
　　　　　　　　　　　　　　　　 退屈でしたら新聞か雑誌をご覧になりますか。
　　 수영이나 조깅을 해야겠어요．(19) 水泳かジョギングをするつもりです。

7. ～서 / 이서 : ～人で
　　 제가 도와 드릴 테니까 둘이서 합시다．(21)
　　　　　　　　　　　　　　　 私が手伝うから二人でしましょう。
　　 혼자서 찾아갈 수 있어요．(16)　　　　　 一人で探して行けます。

8. ～밖에 : ～しか
　　 일 때문에 네 시간밖에 못 잤어요．(24)
　　　　　　　　　　　　　 仕事のため、4時間しか寝られませんでした。
　　 며칠밖에 안 남았어요．(24)　　　　　 数日しか残っていません。
　　 지금 지갑에 만 원밖에 없어요．(24) 今財布に1万ウォンしかありません。

9. ～만큼 : ～くらい、～ほど
　　 우리 아버지만큼 정이 많은 사람도 없어요．(25)
　　　　　　　　　　　　　　 うちの父ほど情に厚い人もいません。
　　 영어만큼 한국어를 할 수 있으면 좋겠어요．(25)
　　　　　　　　　　　 英語ぐらい韓国語ができればいいと思います。

10. ～야말로 : ～こそ
　　 저야말로 여러 가지로 고마웠어요．(25)
　　　　　　　　　　 こちらこそいろいろとありがとうございました。

第11課

1. 1) 운전을 배우고 싶어요?
   　　A) 네, 운전을 배우고 싶어요.
   　　B) 아뇨, 운전을 배우고 싶지
   　　　 않아요.
   2) 맥주를 마시고 싶어요?
   　　A) 네, 맥주를 마시고 싶어요.
   　　B) 아뇨, 맥주를 마시고 싶지
   　　　 않아요.
   3) 음악을 듣고 싶어요?
   　　A) 네, 음악을 듣고 싶어요.
   　　B) 아뇨, 음악을 듣고 싶지
   　　　 않아요.
   4) 여행을 가고 싶어요?
   　　A) 네, 여행을 가고 싶어요.
   　　B) 아뇨, 여행을 가고 싶지
   　　　 않아요.

1. 1) 運転を習いたいですか。
   　　A）はい、運転を習いたいです。
   　　B）いいえ、運転を習いたく
   　　　 ないです。
   2) ビールを飲みたいですか。
   　　A）はい、ビールを飲みたいです。
   　　B）いいえ、ビールを飲みたく
   　　　 ないです。
   3) 音楽を聴きたいですか。
   　　A）はい、音楽を聴きたいです。
   　　B）いいえ、音楽を聴きたく
   　　　 ないです。
   4) 旅行に行きたいですか。
   　　A）はい、旅行に行きたいです。
   　　B）いいえ、旅行に行きたく
   　　　 ないです。

2. 1) 언제 중국에 가고 싶어요?
   　　── 2월에 가고 싶어요.
   2) 뭘 배우고 싶어요?
   　　── 운전을 배우고 싶어요.
   3) 무슨 책을 읽고 싶어요?
   　　── 소설책을 읽고 싶어요.
   4) 뭘 먹고 싶어요?
   　　── 아무것도 먹고 싶지 않아요.
   5) 일요일에 어디에 가고 싶어요?
   　　── 아무데도 가고 싶지 않아요.

2. 1) いつ中国へ行きたいですか。
   　　──2月に行きたいです。
   2) 何を習いたいですか。
   　　──運転を習いたいです。
   3) どんな本を読みたいですか。
   　　──小説を読みたいです。
   4) 何を食べたいですか。
   　　──何も食べたくないです。
   5) 日曜日にどこへ行きたいですか。
   　　──どこにも行きたくないです。

3. 1) 등산을 좋아하세요?
   　　A) 네, 등산을 좋아해요.
   　　B) 아뇨, 등산을 좋아하지
   　　　 않아요. 싫어해요.
   2) 노래를 좋아하세요?
   　　A) 네, 노래를 좋아해요.
   　　B) 아뇨, 노래를 좋아하지
   　　　 않아요. 싫어해요.
   3) 낚시를 좋아하세요?
   　　A) 네, 낚시를 좋아해요.
   　　B) 아뇨, 낚시를 좋아하지
   　　　 않아요. 싫어해요.

3. 1) 登山がお好きですか。
   　　A）はい、登山が好きです。
   　　B）いいえ、登山が好きでは
   　　　 ありません。嫌いです。
   2) 歌がお好きですか。
   　　A）はい、歌が好きです。
   　　B）いいえ、歌が好きでは
   　　　 ありません。嫌いです。
   3) 釣りがお好きですか。
   　　A）はい、釣りが好きです。
   　　B）いいえ、釣りが好きでは
   　　　 ありません。嫌いです。

4) 생선을 좋아하세요?
    A) 네, 생선을 좋아해요.
    B) 아뇨, 생선을 좋아하지
       않아요. 싫어해요.

4. 1) 어떤 과일을 좋아하세요?
    —— 귤을 좋아해요.
  2) 어떤 음식을 좋아하세요?
    —— 고기를 좋아해요.
  3) 어떤 영화를 좋아하세요?
    —— 액션 영화를 좋아해요.
  4) 어떤 음악을 좋아하세요?
    —— 가요를 좋아해요.

5. 1) 어제보다 오늘이 더워요.
  2) 고기보다 생선이 싸요.
  3) 모자보다 구두를 사고 싶어요.
  4) 여자보다 남자가 많아요.

6. 1) 한국말 공부는 어때요?
    —— 어렵지만 재미있어요.
  2) 일은 어때요?
    —— 바쁘지만 보람이 있어요.

  3) 하숙집은 어때요?
    —— 좁지만 깨끗해요.
  4) 전철은 어때요?
    —— 편리하지만 사람이 많아요.

7. 1) 영화는 좋아하지만 텔레비전은
    안 봐요.
  2) 일본 사람이지만 한국말을
    잘해요.
  3) 술은 마시지만 담배는
    안 피워요.
  4) 놀러 가고 싶지만 시간이
    없어요.

4) 魚がお好きですか。
    A) はい、魚が好きです。
    B) いいえ、魚が好きでは
       ありません。嫌いです。

4. 1) どんな果物がお好きですか。
    ——みかんが好きです。
  2) どんな食べ物がお好きですか。
    ——肉が好きです。
  3) どんな映画がお好きですか。
    ——アクション映画が好きです。
  4) どんな音楽がお好きですか。
    ——歌謡が好きです。

5. 1) 昨日より今日の方が暑いです。
  2) 肉より魚の方が安いです。
  3) 帽子より靴を買いたいです。
  4) 女の人より男の人が多いです。

6. 1) 韓国語の勉強はどうですか。
    ——難しいですが、おもしろいです。
  2) 仕事はどうですか。
    ——忙しいですが、やり甲斐があり
      ます。
  3) 下宿はどうですか。
    ——狭いですが、清潔です。
  4) 電車はどうですか。
    ——便利ですが、人が多いです。

7. 1) 映画は好きですが、テレビは
    見ません。
  2) 日本人ですが、韓国語が
    上手です。
  3) お酒は飲みますが、たばこは
    吸いません。
  4) 遊びに行きたいですが、時間が
    ありません。

第12課

1. 1) 오늘은 따뜻한 날씨예요.
   2) 백두산은 높은 산이에요.
   3) 기무라 씨는 멋있는 남자예요.
   4) 필리핀은 더운 나라예요.

2. 1) A) 빨간 구두　 B) 구두가 빨개요.
   2) A) 노란 우산　 B) 우산이 노래요.
   3) A) 파란 하늘　 B) 하늘이 파래요.
   4) A) 하얀 눈　　 B) 눈이 하얘요.

3. 1) 어떤 우유를 마셨어요?
    ── 찬 우유를 마셨어요.
   2) 어떤 영화를 봤어요?
    ── 재미있는 영화를 봤어요.
   3) 어떤 산에 갔어요?
    ── 높은 산에 갔어요.
   4) 어떤 선물을 받았어요?
    ── 멋있는 선물을 받았어요.
   5) 어떤 DVD를 빌렸어요?
    ── 무서운 DVD를 빌렸어요.
   6) 어떤 모자를 샀어요?
    ── 까만 모자를 샀어요.

4. 1) 딸이 다니는 학교는 멀어요.
   2) 탁구를 치는 아이가 아들이에요.
   3) 내가 요즘 읽는 책은 어려워요.
   4) 친구가 사는 동네는 조용해요.

5. 1) 제주도에서 찍은 사진이에요.
   2) 도서관에서 빌린 잡지예요.
   3) 형이 그린 그림이에요.
   4) 제가 만든 케이크예요.

6. 1) 돈이 없을 때 신용카드로
      물건을 사요.
   2) 머리가 아플 때 이 약을 먹어요.
   3) 병원에 갈 때 제가 같이 갈까요?

1. 1) 今日は暖かい天気です。
   2) 白頭山は高い山です。
   3) 木村さんはかっこいい男性です。
   4) フィリピンは暑い国です。

2. 1) A) 赤い靴　　 B) 靴が赤いです。
   2) A) 黄色い傘　 B) 傘が黄色です。
   3) A) 青い空　　 B) 空が青いです。
   4) A) 白い雪　　 B) 雪が白いです。

3. 1) どんな牛乳を飲みましたか。
    ──冷たい牛乳を飲みました。
   2) どんな映画を見ましたか。
    ──おもしろい映画を見ました。
   3) どんな山へ行きましたか。
    ──高い山へ行きました。
   4) どんなプレゼントをもらいましたか。
    ──すてきなプレゼントをもらいま
    した。
   5) どんなDVDを借りましたか。
    ──こわいDVDを借りました。
   6) どんな帽子を買いましたか。
    ──黒い帽子を買いました。

4. 1) 娘が通っている学校は遠いです。
   2) 卓球をしている子が息子です。
   3) 私が最近読んでいる本は難しいです。
   4) 友達が住んでいる町は静かです。

5. 1) 済州島で撮った写真です。
   2) 図書館で借りた雑誌です。
   3) 兄が描いた絵です。
   4) 私が作ったケーキです。

6. 1) お金がないとき、クレジットカードで
      買い物をします。
   2) 頭が痛いとき、この薬を飲みます。
   3) 病院へ行くとき、私がいっしょに行
      きましょうか。

7. 1) 오늘이 생일인 사람은 손을
　　　드세요.
　　2) 아이가 있는 주부는 언제나 바빠요.
　　3) 친구였던 사람이 지금은 남편이에요.

7. 1) 今日が誕生日の人は手を
　　　上げてください。
　　2) 子供がいる主婦はいつも忙しいです。
　　3) 友達だった人が今は夫です。

第13課

1. 1) 신발을 벗고 집에 들어가요.
　　2) 손을 씻고 밥을 먹어요.
　　3) 청소를 하고 홍차를 마셔요.
　　4) 책을 읽고 일기를 써요.

1. 1) 履き物を脱いで、家へ入ります。
　　2) 手を洗って、ご飯を食べます。
　　3) 掃除をして、紅茶を飲みます。
　　4) 本を読んで、日記を書きます。

2. 1) 나는 신문을 보고 동생은 책을
　　　읽어요.
　　2) 부모님은 서울에 사시고 우리는
　　　도쿄에 살아요.
　　3) 나는 가요를 좋아하고 형은
　　　재즈를 좋아해요.
　　4) 여름에는 시원하고 겨울에는
　　　따뜻해요.

2. 1) 私は新聞を見て、弟（妹）は本を
　　　読みます。
　　2) 両親はソウルに住み、わたしたちは
　　　東京に住んでいます。
　　3) 私は歌謡が好きで、兄は
　　　ジャズが好きです。
　　4) 夏は涼しく、冬は
　　　暖かいです。

3. 1) 깨끗하고 조용해요.
　　2) 어렵고 많아요.
　　3) 달고 맛있어요.
　　4) 키가 크고 멋있어요.

3. 1) きれいで、静かです。
　　2) 難しくて、多いです。
　　3) 甘くて、おいしいです。
　　4) 背が高くて、かっこいいです。

4. 1) 내일은 휴일이지요?
　　2) 버스보다 지하철이 편리하지요?
　　3) 방에 아무도 없지요?
　　4) 영화가 아주 재미있었지요?

4. 1) 明日は休日ですよね？
　　2) バスより地下鉄が便利ですよね？
　　3) 部屋にだれもいないですよね？
　　4) 映画がとてもおもしろかったですよね？
　　　（とてもおもしろい映画でしたね。）

5. 1) 날씨는 따뜻한데 눈이 와요.
　　2) 주소를 모르는데 누구한테
　　　물을까요?
　　3) 약을 먹었는데 감기가
　　　낫지 않아요.
　　4) 일요일인데 회사에 출근하세요?
　　5) 공부를 하는데 동생이 방해를
　　　해요.
　　6) 서울역까지 가는데
　　　몇 분쯤 걸리지요?

5. 1) 暖かいのに、雪が降っています。
　　2) 住所を知らないですが、誰に
　　　聞きましょうか。
　　3) 薬を飲んだのに、風邪が
　　　治りません。
　　4) 日曜日なのに、会社に出勤するんで
　　　すか。
　　5) 勉強しているのに、弟(妹)が邪魔を
　　　します。
　　6) ソウル駅まで行くんですが、
　　　何分ぐらいかかるでしょうか。

第14課

1. 1) 선생님이 문제를 설명해
      주셨어요.
   2) 친구가 터미널까지 데려가
      주었어요.
   3) 어머니가 장갑을 짜 주셨어요.
   4) 후배가 사진을 찍어 주었어요.

2. 1) 아이에게 그림책을
      읽어 주었어요.
   2) 아저씨에게 사진을
      보여 드렸어요.

   3) 손님에게 과일을 깎아 드렸어요.

   4) 친구에게 생일 선물을
      사 주었어요.

3. 1) 사과를 깎아 드릴까요?

   2) 전화번호를 적어 드릴까요?

   3) 창문을 열어 드릴까요?

   4) 사진을 찍어 드릴까요?

4. 1) 내일도 와 주시겠어요?
   2) 사진을 찍어 주시겠어요?
   3) 불을 켜 주시겠어요?
   4) 천천히 말씀해 주시겠어요?

5. 1) 편지를 읽어 드릴까요?
      —— 네, 편지를 읽어 주세요.
   2) 돈을 찾아 드릴까요?
      —— 네, 돈을 찾아 주세요.
   3) 사진을 보내 드릴까요?
      —— 네, 사진을 보내 주세요.
   4) 잔돈으로 바꿔 드릴까요?
      —— 네, 잔돈으로 바꿔 주세요.

1. 1) 先生が問題を説明して
      くださいました。
   2) 友達がターミナルまで連れて行って
      くれました。
   3) 母が手袋を編んでくれました。
   4) 後輩が写真を撮ってくれました。

2. 1) 子供に絵本を
      読んであげました。
   2) おじさんに写真を
      見せてさしあげました。
      （お見せしました。）
   3) お客さんに果物をむいてさしあげま
      した。
   4) 友達に誕生プレゼントを
      買ってあげました。

3. 1) リンゴをむいてさしあげましょうか。
      （むきましょうか。）
   2) 電話番号を書いてさしあげましょうか。
      （お書きしましょうか。）
   3) 窓を開けてさしあげましょうか。
      （開けましょうか。）
   4) 写真を撮ってさしあげましょうか。
      （お撮りしましょうか。）

4. 1) 明日も来てくださいますか。
   2) 写真を撮ってくださいますか。
   3) 明かりをつけてくださいますか。
   4) ゆっくりおっしゃってくださいますか。

5. 1) 手紙をお読みしましょうか。
      ——はい、手紙を読んでください。
   2) お金をお引き出ししましょうか。
      ——はい、お金を引き出してください。
   3) 写真をお送りしましょうか。
      ——はい、写真を送ってください。
   4) 小銭に両替いたしましょうか。
      ——はい、小銭に両替してください。

6. 1) 가을 날씨가 겨울처럼 추워요.
　 2) 눈이 호수처럼 맑아요.
　 3) 어른이 어린아이처럼 울어요.
　 4) 술을 물처럼 마셔요.

7. 1) 연극을 재미있게 봤어요.

　 2) 아침에 늦게 일어났어요.
　 3) 꽃이 아름답게 피었어요.
　 4) 길을 친절하게 가르쳐 주었어요.

6. 1) 秋の天気が冬のように寒いです。
　 2) 目が湖のように澄んでいます。
　 3) 大人が子供のように泣きます。
　 4) お酒を水のように飲みます。

7. 1) 演劇をおもしろく見ました。
　　 (おもしろい演劇でした。)
　 2) 朝遅く起きました。
　 3) 花が美しく咲きました。
　 4) 道を親切に教えてくれました。

第15課

1. 1) 오늘 친구를 만나서 같이
　　　음악회에 가요.
　 2) 사과를 깎아서 손님한테
　　　드렸어요.
　 3) 과자를 만들어서 이웃집에 갖다
　　　주었어요.
　 4) 가게에 들러서 비누하고 치약을
　　　샀어요.

2. 1) 아침 일찍 일어나서 뭘 해요?
　　　── 아침 일찍 일어나서 조깅을
　　　　　해요.
　 2) 동창회에 가서 누구를 만났어요?
　　　── 동창회에 가서 선생님을
　　　　　만났어요.
　 3) 도서관에 들러서 뭘 했어요?
　　　── 도서관에 들러서 그림책을
　　　　　빌렸어요.
　 4) 일본에 와서 어디를 구경했어요?
　　　── 일본에 와서 후지산을
　　　　　구경했어요.

3. 1) 값이 비싸서 안 샀어요.
　 2) 드라마를 좋아해서 매일 밤
　　　텔레비전을 봐요.
　 3) 불고기가 맛있어서 많이
　　　먹었어요.
　 4) 시간이 없어서 택시로 갔어요.
　 5) 잠이 와서 커피를 한 잔
　　　마셨어요.

1. 1) 今日友達と会って、いっしょに
　　　音楽会に行きます。
　 2) リンゴをむいて、お客さんに
　　　さしあげました。
　 3) お菓子を作って、隣の家に持って行っ
　　　てあげました。
　 4) 店へ寄って、石鹸と歯磨き粉を
　　　買いました。

2. 1) 朝早く起きて、何をしますか。
　　　──朝早く起きて、ジョギングを
　　　　　します。
　 2) 同窓会に行って、誰に会いましたか。
　　　──同窓会に行って、先生に
　　　　　会いました。
　 3) 図書館に寄って、何をしましたか。
　　　──図書館に寄って、絵本を
　　　　　借りました。
　 4) 日本に来て、どこを見物しましたか。
　　　──日本に来て、富士山を
　　　　　見物しました。

3. 1) 値段が高いので、買いませんでした。
　 2) ドラマが好きなので、毎晩
　　　テレビを見ます。
　 3) プルコギがおいしいので、たくさん
　　　食べました。
　 4) 時間がなくて、タクシーで行きました。
　 5) 眠くなったのでコーヒーを一杯
　　　飲みました。

4. 1) 이건 헌 옷이라서 버리고 싶어요.
   2) 저 사람은 씨름 선수라서 힘이
      세요.
   3) 결과가 합격이 아니라서
      실망했어요.
   4) 오늘은 휴일이라서 가게들이
      문을 닫았어요.

5. 1) 값이 싸졌어요.
   2) 날이 어두워졌어요.
   3) 양말이 깨끗해졌어요.
   4) 옷이 작아졌어요.

6. 1) 술을 너무 마셔서
      머리가 아파요.
   2) 설탕을 너무 많이 넣어서
      달아요.
   3) 영화가 너무 슬퍼서 울었어요.
   4) 배가 너무 불러서
      그만 먹겠어요.

4. 1) これは古い服なので、捨てたいです。
   2) あの人はシルムの選手なので、力が
      強いです。
   3) 結果が合格じゃなくて、
      がっかりしました。
   4) 今日は休日なので、店が
      閉まっています。

5. 1) 値段が安くなりました。
   2) （日が）暗くなりました。
   3) 靴下がきれいになりました。
   4) 服が小さくなりました。

6. 1) お酒を飲みすぎて、
      頭が痛いです。
   2) 砂糖をたくさん入れすぎて、
      甘いです。
   3) 映画が悲しすぎて、泣きました。
   4) あまりにお腹がいっぱいなので、
      食べるのはこれぐらいにしておきます。

第16課

1. 1) 지하철로 올림픽 경기장까지
      갈 수 있어요?
      A) 네, 지하철로 올림픽 경기장
         까지 갈 수 있어요.
      B) 아뇨, 지하철로 올림픽 경기
         장까지 갈 수 없어요.
   2) 이 상자를 예쁘게
      포장할 수 있어요?
      A) 네, 이 상자를 예쁘게
         포장할 수 있어요.
      B) 아뇨, 이 상자를 예쁘게
         포장할 수 없어요.
   3) 공항에서 엔으로 바꿀 수 있어요?
      A) 네, 공항에서 엔으로
         바꿀 수 있어요.
      B) 아뇨, 공항에서 엔으로
         바꿀 수 없어요.

1) 地下鉄でオリンピック競技場まで
   行けますか。
   A) はい、地下鉄でオリンピック競
      技場まで行けます。
   B) いいえ、地下鉄でオリンピック
      競技場まで行けません。
2) この箱をきれいに
   包装することができますか。
   A) はい、この箱をきれいに
      包装することができます。
   B) いいえ、この箱をきれいに
      包装することができません。
3) 空港で円に両替することができますか。
   A) はい、空港で円に
      両替することができます。
   B) いいえ、空港で円に
      両替することができません。

4) 도서관에서 잡지를
대출할 수 있어요?
  A) 네, 도서관에서 잡지를
대출할 수 있어요.
  B) 아뇨, 도서관에서 잡지를
대출할 수 없어요.

2. 1) 얼마 동안 책을 빌릴 수 있어요?

—— 2주일 동안 책을 빌릴 수 있
어요.
2) 몇 시까지 차를
주차할 수 있어요?
—— 밤 11시까지 차를
주차할 수 있어요.
3) 몇 미터쯤 헤엄칠 수 있어요?

—— 50미터쯤 헤엄칠 수 있어요.

4) 무슨 외국어를 할 수 있어요?
—— 러시아어를 할 수 있어요.

3. 1) 자리에 앉을 수 있어요?
—— 사람이 많아서 못 앉아요.

2) 차를 살 수 있어요?
—— 돈이 없어서 못 사요.

3) 신문을 읽을 수 있어요?
—— 한자가 어려워서 못 읽어요.

4) 혼자서 찾아갈 수 있어요?
—— 길을 몰라서 못 찾아가요.

4）図書館で雑誌を
貸し出すことができますか。
  A）はい、図書館で雑誌を
貸し出すことができます。
  B）いいえ、図書館で雑誌を
貸し出すことができません。

2. 1）どのくらい本を借りることができま
すか。
——2週間本を借りることができま
す。
2）何時まで車を
駐車することができますか。
——夜の11時まで車を
駐車することができます。
3）何メートルぐらい泳ぐことができま
すか。
——50メートルぐらい泳ぐことがで
きます。
4）どんな外国語ができますか。
——ロシア語ができます。

3. 1）席へ座ることができますか。
——人が多くて、座ることができま
せん。
2）車を買うことができますか。
——お金がなくて、買うことができ
ません。
3）新聞を読むことができますか。
——漢字が難しくて、読むことがで
きません。
4）一人で訪ねていくことができますか。
——道を知らないので、訪ねていく
ことができません。

4. 1) 은행에서 돈을 찾을 줄 알아요?

   A) 네, 찾을 줄 알아요.
   B) 아뇨, 찾을 줄 몰라요.

2) 인터넷으로 비행기 표를 예약할 줄 알아요?
   A) 네, 예약할 줄 알아요.
   B) 아뇨, 예약할 줄 몰라요.

3) 프랑스 요리를 만들 줄 알아요?
   A) 네, 만들 줄 알아요.
   B) 아뇨, 만들 줄 몰라요.

4) 옷에 단추를 달 줄 알아요?

   A) 네, 달 줄 알아요.
   B) 아뇨, 달 줄 몰라요.

5. 1) 글씨를 잘 써요?
   —— 아뇨, 잘 못 써요.
2) 자전거를 잘 타요?

   —— 아뇨, 잘 못 타요.
3) 영어 단어를 잘 외워요?

   —— 아뇨, 잘 못 외워요.
4) 꽃꽂이를 잘해요?

   —— 아뇨, 잘 못해요.

6. 1) 운전을 아주 잘해요.
2) 골프를 잘 못 쳐요.
3) 배를 잘 못 저어요.
4) 그림을 아주 잘 그려요.

4. 1) 銀行でお金を引き出すことができますか。
   A) はい、引き出すことができます。
   B) いいえ、引き出すことができません。
2) インターネットで航空券を予約することができますか。
   A) はい、予約することができます。
   B) いいえ、予約することができません。
3) フランス料理が作れますか。
   A) はい、作れます。
   B) いいえ、作れません。
4) 服にボタンを付けることができますか。
   A) はい、付けることができます。
   B) いいえ、付けることができません。

5. 1) 字を上手に書くことができますか。
   ——いいえ、うまく書けません。
2) 自転車に上手に乗ることができますか。
   ——いいえ、うまく乗れません。
3) 英単語をよく覚えることができますか。
   ——いいえ、よく覚えられません。
4) 生け花を上手にすることができますか。
   ——いいえ、うまくできません。

6. 1) 運転がとても上手です。
2) ゴルフがうまくできません。
3) 舟をうまく漕ぐことができません。
4) 絵をとても上手に描きます。

第17課

1. 1) 학교 친구한테서 빌릴래요.
   2) 두 장 찍을래요.
   3) 다음주 수요일에 갈래요.
   4) 클래식을 들을래요.

2. 1) 네, 아마 갈 수 있을 거예요.
   2) 네, 아마 이길 거예요.
   3) 아뇨, 아마 영국 사람이
      아닐 거예요.
   4) 아뇨, 아마 운전할 줄 모를 거예
      요.

3. 1) 일본 돈을 얼마 바꿀 거예요?
      —— 20만 엔 바꿀 거예요.
   2) 그 호텔에 며칠 동안 묵을 거예
      요?
      —— 하루 묵을 거예요.
   3) 따님 이름은 뭐라고 지을 거예
      요?
      —— 수미라고 지을 거예요.
   4) 유학을 어디로 보낼 거예요?
      —— 독일로 보낼 거예요.

4. 1) 손잡이를 당기면 문이 열려요.
   2) 신호에서 오른쪽으로 돌면
      왼쪽에 주차장이 있어요.
   3) 수도꼭지를 왼쪽으로 돌리면
      물이 나와요.
   4) 안경을 안 쓰면
      글자가 잘 안 보여요.

5. 1) 수업이 없는 날이니까 학교에
      안 올 거예요.
   2) 에어컨을 수리하러 오니까 밖에
      나갈 수 없어요.
   3) 충치가 생기니까 단 것을
      안 먹을래요.
   4) 날씨가 좋으니까 교외로 드라이브
      갑시다.

1. 1) 学校の友達から借りるつもりです。
   2) 2枚撮るつもりです。
   3) 来週の水曜日に行くつもりです。
   4) クラシックを聴くつもりです。

2. 1) はい、たぶん行けるでしょう。
   2) はい、たぶん勝つでしょう。
   3) いいえ、たぶんイギリス人では
      ないでしょう。
   4) いいえ、たぶん運転できないでしょ
      う。

3. 1) 日本円をいくら両替するつもりですか。
      ——20万円両替するつもりです。
   2) そのホテルに何日ぐらい泊まるつも
      りですか。
      ——1日泊まるつもりです。
   3) お嬢さんの名前を何と付けるつもり
      ですか。
      ——スミと付けるつもりです。
   4) 留学はどこに行かせるつもりですか。
      ——ドイツへ行かせるつもりです。

4. 1) 取っ手を引くと、ドアが開きます。
   2) 信号を右に曲がると、
      左側に駐車場があります。
   3) 水道の栓を左へ回すと、
      水が出ます。
   4) 眼鏡をかけないと、
      字がよく見えません。

5. 1) 授業がない日なので、学校に
      来ないでしょう。
   2) エアコンを修理しに来るので、外に
      出ることができません。
   3) 虫歯ができるので、甘いものを
      食べないつもりです。
   4) 天気がいいので、郊外へドライブに
      行きましょう。

6. 1) 약도를 갖고 있으니까
      길을 잘 찾아올 거예요.
   2) 바람이 세게 부니까 야구 시합이
      중지될 거예요.
   3) 미국에 오래 살았으니까
      한영수 씨는 영어를
      잘할 거예요.
   4) 어제 택배로 보냈으니까 짐이
      오늘 도착할 거예요.

6. 1) 地図を持っているから、
      うまく訪ねて来るでしょう。
   2) 風が強く吹いているから、野球の試
      合が中止になるでしょう。
   3) アメリカに長く住んでいたから、
      ハン・ヨンスさんは英語が
      上手でしょう。
   4) 昨日宅配便で送ったので、荷物が
      今日到着するでしょう。

第18課

1. 1) 회사를 차려야겠어요.
   2) 은행에서 빌려야겠어요.
   3) 주식을 팔아야겠어요.
   4) 안경을 써야겠어요.

1. 1) 会社を設立するつもりです。
   2) 銀行から借りるつもりです。
   3) 株式を売るつもりです。
   4) 眼鏡をかけるつもりです。

2. 1) 몇 시에 일어나야 돼요?
      —— 6시(여섯 시) 반에 일어나야
          돼요.
   2) 하루에 몇 번 약을 먹어야 돼요?

      —— 세 번 먹어야 돼요.
   3) 무슨 요일까지 책을 돌려줘야
      돼요?
      —— 목요일까지 돌려줘야 돼요.

   4) 서류를 몇 장 복사해야 돼요?

      —— 8장(여덟 장) 복사해야 돼요.

2. 1) 何時に起きなければなりませんか。
      ——6時半に起きなければなりません。
   2) 一日に何回薬を飲まなければなりま
      せんか。
      ——3回飲まなければなりません。
   3) 何曜日までに本を返さなければ
      なりませんか。
      ——木曜日までに返さなければなり
        ません。
   4) 書類を何枚コピーしなければなりま
      せんか。
      ——8枚コピーしなければなりません。

3. 1) 잔디에 들어가도 돼요?
      —— 네, 들어가도 돼요.
          들어가세요.
   2) 휴대폰을 써도 돼요?
      —— 네, 써도 돼요.
          쓰세요.
   3) 반려동물을 길러도 돼요?
      —— 네, 길러도 돼요.
          기르세요.
   4) 담배를 피워도 돼요?
      —— 네, 피워도 돼요.
          피우세요.

3. 1) 芝生へ入ってもいいですか。
      ——はい、入ってもいいです。
        入ってください。
   2) 携帯電話を使ってもいいですか。
      ——はい、使ってもいいです。
        使ってください。
   3) ペットを飼ってもいいですか。
      ——はい、飼ってもいいです。
        飼ってください。
   4) たばこを吸ってもいいですか。
      ——はい、吸ってもいいです。
        吸ってください。

4. 1) 약을 먹어도 안 나아요.
   2) 공부를 열심히 해도 성적이
      안 올라요.
   3) 아무리 닦아도 안 지워져요.
   4) 날씨가 더워도 에어컨을 안 켜요.

5. 1) 큰 소리로 노래를 불러도 돼요?
      —— 큰 소리로 노래를 부르면
         안 되는데요.
   2) 수영장에서 수영 모자를 안 써도
      돼요?
      —— 수영 모자를 안 쓰면
         안 되는데요.
   3) 회의 중에 전화를 해도 돼요?
      —— 전화를 하면 안 되는데요.
   4) 오디오 위에 꽃병을 놓아도 돼요?

      —— 꽃병을 놓으면 안 되는데요.

6. 1) 일찍 일어나야 돼요?
      —— 내일은 휴일이니까 일찍
         안 일어나도 돼요.
   2) 지금 돈을 내야 돼요?

      —— 계산은 나중에 하니까 지금
         돈을 안 내도 돼요.
   3) 병원에 가야 돼요?
      —— 가벼운 감기니까 병원에
         안 가도 돼요.
   4) 문을 밀어야 돼요?
      —— 자동으로 열리니까
         문을 안 밀어도 돼요.

4. 1) 薬を飲んでも治りません。
   2) 勉強を一生懸命しても成績が
      上がりません。
   3) どんなに拭いても消えません。
   4) 暑くてもエアコンを付けません。

5. 1) 大きい声で歌を歌ってもいいですか。
      ——大きい声で歌を歌っては
         いけないんですが。
   2) プールで水泳帽をかぶらなくても
      いいですか。
      ——水泳帽をかぶらないと
         いけないんですが。
   3) 会議中に電話をしてもいいですか。
      ——電話をしてはいけないんですが。
   4) オーディオの上に花瓶を置いてもい
      いですか。
      ——花瓶を置いてはいけないんです
         が。

6. 1) 早く起きなければなりませんか。
      ——明日は休日ですから、早く
         起きなくてもいいです。
   2) 今、お金を出さなくてはなりません
      か。
      ——勘定は後でしますから、今、
         お金を出さなくてもいいです。
   3) 病院へ行かなければなりませんか。
      ——軽い風邪ですから、病院へ
         行かなくてもいいです。
   4) ドアを押さなくてはなりませんか。
      ——自動で開きますから、
         ドアを押さなくてもいいです。

第19課

1. 1) 구두를 신어 봐도 돼요?
　　—— 네, 신어 보세요.
   2) CD를 들어 봐도 돼요?
　　—— 네, 들어 보세요.
   3) 피아노를 쳐 봐도 돼요?
　　—— 네, 쳐 보세요.
   4) 모자를 써 봐도 돼요?
　　—— 네, 써 보세요.

2. 1) 약속 장소까지 뛰어갔는데
　　친구는 벌써 가 버렸어요.
   2) 조심해서 걸었는데
　　넘어져 버렸어요.
   3) 열심히 공부했는데
　　시험에 떨어져 버렸어요.
   4) 거칠게 다루지 않았는데 컴퓨터
　　가 고장 나 버렸어요.

3. 1) 지붕 위에 앉아 있어요.
   2) 서랍 속에 들어 있어요.
   3) 벽에 걸려 있어요.
   4) 침대에 누워 있어요.

4. 1) 저는 요즘 소설을 쓰고 있어요.
   2) 친구가 밖에서 기다리고 있어요.
   3) 어머니는 손님하고 이야기하고
　　계세요.
   4) 어제 그 시간에는 골프를 치고
　　있었어요.

5. 1) 전화를 걸고 있어요.
   2) 교실에 남아 있어요.
   3) 나무 밑에 서 있어요.
   4) 옷을 입고 있어요.
   5) 명단에 올라 있어요.
   6) 침대에 누워 있어요.

1. 1) 靴を履いてみてもいいですか。
　　——はい、履いてみてください。
   2) CDを聴いてみてもいいですか。
　　——はい、聴いてみてください。
   3) ピアノを弾いてみてもいいですか。
　　——はい、弾いてみてください。
   4) 帽子をかぶってみてもいいですか。
　　——はい、かぶってみてください。

2. 1) 約束の場所まで走って行ったんですが、
　　友達はもう行ってしまいました。
   2) 気をつけながら歩いたのに、
　　転んでしまいました。
   3) 一生懸命勉強したのに、
　　試験に落ちてしまいました。
   4) 乱暴に扱っていなかったのに、コン
　　ピューターが故障してしまいました。

3. 1) 屋根の上に座っています。
   2) 引き出しの中に入っています。
   3) 壁にかかっています。
   4) ベッドに横になっています。

4. 1) 私はこのごろ小説を書いています。
   2) 友達が外で待っています。
   3) お母さんはお客さんと話をして
　　いらっしゃいます。
   4) 昨日その時間にはゴルフをして
　　いました。

5. 1) 電話をかけています。
   2) 教室に残っています。
   3) 木の下に立っています。
   4) 服を着ています。
   5) 名簿に載っています。
   6) ベッドに寝ています。

6. 1) 집에서 책을 읽거나
      집안일을 해요.
   2) 전화를 걸거나 회사로
      찾아갈 거예요.
   3) 피자나 스파게티를 먹고 싶어요.
   4) 친구하고 놀거나 숙제를 할래요.
   5) 운전 면허를 따거나 해외 여행을
      갈 거예요.

6. 1）家で本を読んだり、
      家事をしたりします。
   2）電話を掛けるか、会社へ
      訪ねて行こうと思います。
   3）ピザかスパゲッティーを食べたいです。
   4）友達と遊ぶか、宿題をするつもりです。
   5）運転免許を取るか、海外旅行に
      行くつもりです。

第20課

1. 1) 막걸리를 마신 적이 있어요.
   2) 설악산에 올라간 적이 있어요.
   3) 말을 탄 적이 있어요.
   4) 잠자리를 잡은 적이 있어요.

1. 1）マッコリを飲んだことがあります。
   2）ソラク山に登ったことがあります。
   3）馬に乗ったことがあります。
   4）とんぼを捕まえたことがあります。

2. 1) 시험에서 일 등을 해 본 적이
      있어요?
      —— 일 등을 해 본 적이 없어요.
   2) 뱀을 만져 본 적이 있어요?
      —— 만져 본 적이 없어요.
   3) 역사 소설을 읽어 본 적이
      있어요?
      —— 읽어 본 적이 없어요.
   4) 그림일기를 써 본 적이 있어요?
      —— 써 본 적이 없어요.

2. 1）試験で1位を取ったことが
      ありますか。
      ——1位を取ったことがありません。
   2）蛇に触ったことがありますか。
      ——触ったことがありません。
   3）歴史小説を読んだことが
      ありますか。
      ——読んだことがありません。
   4）絵日記を書いたことがありますか。
      ——書いたことがありません。

3. 1) 저녁을 먹은 지 얼마나 됐어요?

      —— 저녁을 먹은 지 1시간(한 시
         간)이 됐어요.
   2) 그 친구를 사귄 지 얼마나
      됐어요?
      —— 그 친구를 사귄 지 3년이
         됐어요.
   3) 전화를 건 지 얼마나 됐어요?

      —— 전화를 건 지 20분이
         됐어요.
   4) 바둑을 시작한 지 얼마나
      됐어요?
      —— 바둑을 시작한 지 1년이
         됐어요.

3. 1）夕食を食べてから、どのぐらい経ち
      ましたか。
      ——夕食を食べてから、1時間が
         経ちました。
   2）その友達と付き合って、どのくらい
      になりましたか。
      ——その友達と付き合って3年に
         なりました。
   3）電話をかけてから、どのぐらい経ち
      ましたか。
      ——電話をかけてから、20分が
         経ちました。
   4）囲碁を始めてから、どのぐらいに
      なりましたか。
      ——囲碁を始めてから、1年に
         なりました。

4. 1) 네, 몸이 약한 것 같아요.
   2) 아뇨, 모르는 것 같아요.
   3) 산에 가는 것 같아요.
   4) 사건이 발생한 것 같아요.

5. 1) 단추가 떨어질 것 같아요.
   2) 아이가 넘어질 것 같아요.
   3) 비가 올 것 같아요.
   4) 봉지가 찢어질 것 같아요.

6. 1) 단추가 떨어질 것 같으니까 달아
      주세요.
   2) 비가 올 것 같으니까
      우산을 가지고 갑시다.
   3) 길을 찾아갈 수 있을 것 같으니까
      혼자서 갈래요.
   4) 올 여름은 더울 것 같으니까
      피서를 가야겠어요.

4. 1) はい、体が弱いようです。
   2) いいえ、知らないようです。
   3) 山へ行くようです。
   4) 事件が発生したようです。

5. 1) ボタンが取れそうです。
   2) 子供が転びそうです。
   3) 雨が降りそうです。
   4) 袋が破れそうです。

6. 1) ボタンが取れそうなので、付けて
      ください。
   2) 雨が降りそうなので、
      傘を持っていきましょう。
   3) 道を探していけそうなので、
      一人で行きます。
   4) 今年の夏は暑そうなので、
      避暑に行くつもりです。

第21課

1. 1) 모레 보낼게요.
   2) 일찍 들어올게요.
   3) 제가 사올게요.
   4) 멋있는 남자를 소개해 줄게요.

2. 1) 발음할 테니까 따라 해 보세요.

   2) 공을 던질 테니까 잘 받으세요.

   3) 밖은 추울 테니까 따뜻하게 입고
      나가세요.
   4) 국이 좀 싱거울 테니까
      소금을 치세요.

3. 1) 아뇨, 아직 안 갔어요. 오는
      일요일에 가려고 해요.
   2) 아뇨, 아직 안 샀어요. 이번
      주말에 사려고 해요.
   3) 아뇨, 아직 안 들었어요.
      내일부터 들으려고 해요.
   4) 아뇨, 아직 안 썼어요.
      지금부터 쓰려고 해요.

1. 1) あさって送ります（からね）。
   2) 早く帰ります（からね）。
   3) 私が買って来ます（からね）。
   4) かっこいい男性を紹介してあげます（からね）。

2. 1) 発音するので後に付いて言ってみて
      ください。
   2) ボールを投げるから、うまくキャッ
      チしてください。
   3) 外は寒いでしょうから、温かくして
      出かけてください。
   4) スープの味が少し薄いでしょうから、
      塩をかけてください。

3. 1) いいえ、まだ行っていません。今度の
      日曜日に行こうと思っています。
   2) いいえ、まだ買っていません。今週の
      週末に買おうと思っています。
   3) いいえ、まだ聞いていません。
      明日から聞こうと思っています。
   4) いいえ、まだ、書いていません。
      今から書こうと思っています。

4. 1) 아무데도 안 가고 집에서 쉬려고
해요.
2) 아직 안 해서 지금부터
시작하려고 해요.
3) 다음주에 예약하려고 해요.
4) 아르바이트로 할 수 있는 일을
찾으려고 해요.

5. 1) 공부를 하려고 불을 켰어요.

2) 머리를 깎으려고 이발소에
갔어요.
3) 세탁기를 사려고 돈을 찾았어요.

4) 책꽂이를 만들려고 나무를
잘랐어요.

6. 1) 극장에 못 가니까 DVD라도
빌려 봅시다.
2) 시간이 있으면 책이라도
읽으세요.
3) 인삼차가 없는데 홍차라도
드시겠어요?
4) 집에서 놀지 말고 아르바이트라도
하세요.

4. 1) どこにも行かずに家で休もうと
思っています。
2) まだやっていないので、今から
始めようと思っています。
3) 来週予約しようと思っています。
4) アルバイトでできる仕事を
探そうと思っています。

5. 1) 勉強をしようと思って、明かりをつ
けました。
2) 髪の毛を切ろうと思って、理髪店に
行きました。
3) 洗濯機を買おうと思って、お金をお
ろしました。
4) 本棚を作ろうと思って、木を
切りました。

6. 1) 映画館へ行けないので、DVDでも
借りて見ましょう。
2) 時間があるなら、本でも
読んでください。
3) 朝鮮人参茶がないので、紅茶でも
お飲みになりますか。
4) うちで遊んでないで、アルバイトでも
してください。

第22課

1. 1) 이 동네는 교통이 편리해서
    살기 좋아요.
   2) 신문 글자가 작아서
    읽기 힘들어요.
   3) 튀김은 기름이 많아서
    먹기 싫어요.
   4) 이 길은 좁아서 운전하기
    어려워요.
   5) 연말에는 바빠서 휴가를 받기
    힘들어요.

2. 1) 노후를 위해서 젊었을 때
    저축해야 해요.
   2) 자녀들의 교육을 위해서 다 같이
    협력합시다.
   3) 외국인을 위해서 영어로 된
    간판이 필요해요.
   4) 누구를 위해서 꽃다발을 샀어요?

3. 1) 태풍 때문에 전차가 멎었어요.
   2) 감기 때문에 학교를 결석했어요.
   3) 시험 때문에 놀 수 없어요.

   4) 차 소리 때문에
    잠을 잘 수 없어요.

4. 1) 예습을 많이 했기 때문에
    이해하기 쉬워요.
   2) 변호사가 되기 위해서 법률을
    공부하고 있어요.
   3) 회사에 사람이 부족하기 때문에
    언제나 바빠요.
   4) 환경을 보호하기 위해서 여러
    나라가 협력하고 있어요.
   5) 취직할 회사를 찾기 위해서
    인터넷으로 알아보고 있어요.

1. 1) この辺りは交通が便利で、
    住みやすいです。
   2) 新聞の文字が小さくて、
    読みにくいです。
   3) 揚げ物は油が多くて
    食べたくありません。
   4) この道は狭くて、運転するのが
    難しいです。
   5) 年末は忙しくて、休暇を取るのが
    難しいです。

2. 1) 老後のために、若いうちに
    貯蓄をしなければなりません。
   2) 子供たちの教育のために、みんなで
    一緒に協力しましょう。
   3) 外国人のために、英語で書かれた
    看板が必要です。
   4) だれのために、花束を買ったのです
    か。

3. 1) 台風のために、電車が止まりました。
   2) 風邪のために、学校を欠席しました。
   3) 試験のために、遊ぶことができませ
    ん。
   4) 車の音のために、
    眠ることができません。

4. 1) 予習をたくさんしたので、
    理解しやすいです。
   2) 弁護士になるために、法律を
    勉強しています。
   3) 会社で人が不足しているので、
    いつも忙しいです。
   4) 環境を保護するためにいろいろな
    国が協力しています。
   5) 就職する会社を探すために、
    インターネットで調べています。

5. 1) 수영(을) 하기 전에 샤워를 해요.
   2) 여행(을) 가기 전에 돈을 바꿔요.
   3) 밥을 먹기 전에 기도를 해요.
   4) 외출하기 전에 거울을 봐요.

6. 1) 전화를 건 뒤에 놀러 갈 거예요.

   2) 아뇨, 1시간(한 시간) 뒤에 나갈
      거예요.
   3) 점심을 먹은 뒤에 커피를 마셔요.
   4) 설명을 들은 뒤에 질문하세요.

5. 1) 水泳をする前に、シャワーを浴びます。
   2) 旅行に行く前に、お金を両替します。
   3) ご飯を食べる前に、お祈りをします。
   4) 外出する前に、鏡を見ます。

6. 1) 電話をかけた後で、遊びに行こうと
      思います。
   2) いいえ、1時間後に、出ようと思い
      ます。
   3) 昼ご飯を食べた後で、コーヒーを飲みます。
   4) 説明を聞いた後で、質問してください。

第23課

1. 1) 나는 선배한테 여자 친구를
      소개 받았어요.
   2) 아이가 개한테 물렸어요.
   3) 우리는 선생님한테
      칭찬받았어요.
   4) 민수가 반장으로 뽑혔어요.

2. 1) 어머니가 아기에게 옷을 입혀요.
   2) 아버지가 할머니를 입원시켜요.
   3) 형이 동생을 울려요.
   4) 손님이 음식을 남겨요.

3. 1) 내일 아침 6시에 깨워 주세요.
   2) 무슨 색 옷이 많이 팔려요?

   3) 아까 전차에서 발을 밟혔어요.
   4) 모기에 물린 곳이 가려워요.
   5) 동생에게 감기약을 먹여요.
   6) 아기가 엄마 품에 안겨 있어요.

4. 1) 필요없는 물건은 안 사기로
      했어요.
   2) 다음달부터 태권도를 배우기로
      했어요.
   3) 여름 방학에 봉사 활동을 하기로
      했어요.
   4) 모자란 돈은 친구에게 빌리기로
      했어요.

1. 1) 私は先輩に彼女を
      紹介されました（してもらいました）。
   2) 子どもが犬にかまれました。
   3) 私たちは先生から
      褒められました。
   4) ミンスが班長に選ばれました。

2. 1) 母親が赤ちゃんに服を着せます。
   2) 父が祖母を入院させます。
   3) 兄が弟を泣かせます。
   4) お客が食事を残します。

3. 1) 明日の朝6時に起こしてください。
   2) どんな色の服がたくさん売れていま
      すか。
   3) さっき電車で足を踏まれました。
   4) 蚊に刺されたところがかゆいです。
   5) 弟（妹）に風邪薬を飲ませます。
   6) 赤ちゃんがお母さんの胸に抱かれて
      います。

4. 1) 必要ないものは買わないことに
      しました。
   2) 来月からテコンドーを習うことに
      しました。
   3) 夏休みに奉仕活動をすることに
      しました。
   4) 足りないお金は友達に借りることに
      しました。

5. 1) 책을 보다가 잠이 들었어요.

   2) 축구를 하다가 넘어졌어요.

   3) 영화를 보다가 울었어요.

   4) 물을 끓이다가 손을 데었어요.

6. 1) 부모님한테 거짓말을 했다가
      야단 맞았어요.
   2) 창문을 열었다가 비가 와서
      닫았어요.
   3) 옷을 샀다가 다른 색으로
      바꿨어요.
   4) 주가가 많이 올랐다가 다시
      크게 떨어졌어요.

第24課

1. 1) 회사 동료가 점심을 같이
      먹자고 권했어요.
   2) 경찰이 나이가 몇 살이냐고
      물었어요.
   3) 선생님이 내일까지 번역하라고
      하셨어요.
   4) 제가 회의 시간이 너무 길다고
      말했어요.

2. 1) 여름이 되면 몸무게가 준대요.

   2) 저 분이 담임 선생님이래요.

   3) 이 약을 먹으면 잘 낫는대요.

   4) 브라질이 영국에게 이겼대요.

5. 1) 本を読んでいるうちに眠ってしまい
      ました。
   2) サッカーをしている途中で、転んで
      しまいました。
   3) 映画を見ている途中で泣きました。
   4) 水（お湯）を沸かそうとして、手を
      やけどしました。

6. 1) 両親に嘘をついて
      しかられました。
   2) 窓を開けたら雨が降ってきたので
      閉めました。
   3) 服を買いましたが、他の色に
      変えました（変えてもらいました）。
   4) 株価がだいぶ上がりましたが、また
      大きく落ち込みました。

1. 1) 会社の同僚が、昼ご飯を一緒に
      食べようと誘いました。
   2) 警察が、年は何歳かと
      聞きました。
   3) 先生が、明日までに翻訳するように
      とおっしゃいました。
   4) 私が、会議の時間が長すぎると
      言いました。

2. 1) 夏になると、体重が減ると言ってい
      ます。（減るそうです。）
   2) あの人が担任の先生だと言っていま
      す。（担任の先生だそうです。）
   3) この薬を飲めば、よくなると言って
      います。（よくなるそうです。）
   4) ブラジルがイギリスに勝ったと言っ
      ています。（勝ったそうです。）

3. 1) 다친 데가 많이 아프내요.

   2) 운전을 할 줄 아느내요.

   3) 같은 과에 친한 사람이 있느내요.

   4) 갑자기 찾아와서 놀랐느내요.

4. 1) 시끄러우니까 좀 조용히 하래요.

   2) 여기선 사진을 찍지 말래요.

   3) 모르는 단어가 있으면 사전을
      찾으래요.
   4) 불가능한 일이니까 포기하래요.

5. 1) 다나카 씨가 내일 만나지 말재요.

   2) 회장이 지각하는 사람은 벌금을
      내재요.
   3) 영수 씨가 그 점에 대해서
      얘기 좀 하재요.
   4) 과장님이 우리 과 사람들끼리
      저녁을 먹재요.

6. 1) 우리 회사에는 여사원이
      열 명밖에 없어요.
   2) 술은 조금밖에 못 마셔요.
   3) 수업에 두 명밖에 안 왔어요.
   4) 이번 시험은 한 문제밖에
      안 틀렸어요.

第25課

1. 1) 음악을 들으면서 운전을 해요.
   2) 술을 마시면서 이야기를 해요.
   3) 이를 닦으면서 신문을 봐요.
   4) 걸으면서 담배를 피워요.

3. 1) けがをしたところがかなり痛いかと
      聞いています。
   2) 運転をすることができるかと聞いて
      います。
   3) 同じ課に親しい人がいるかと聞いて
      います。
   4) いきなり訪ねてきて、驚いたかと聞
      いています。

4. 1) うるさいので、少し静かにしてくれ
      と言っています。
   2) ここでは、写真を撮らないようにと
      言っています。
   3) 知らない単語があったら、辞書を
      引くようにと言っています。
   4) 不可能なことなので、あきらめるよ
      うにと言っています。

5. 1) 田中さんが、明日、会わないように
      しよう（会うのはやめよう）と言っ
      ています。
   2) 会長が遅刻した人は罰金を
      払うことにしようと言っています。
   3) ヨンスさんがその点について
      ちょっと話をしようと言っています。
   4) 課長がうちの課の人（同士）で
      夕食を食べようと言っています。

6. 1) うちの会社には女子社員が
      10名しかいません。
   2) お酒はちょっとしか飲めません。
   3) 授業に2名しか来ませんでした。
   4) 今回の試験は1問しか
      間違えませんでした。

1) 音楽を聴きながら、運転します。
2) お酒を飲みながら、話をします。
3) 歯を磨きながら、新聞を読みます。
4) 歩きながらたばこを吸います。

2. 1) 다친 데가 없는지 살펴 보세요.

   2) 짐이 도착했는지 물어 보세요.

   3) 그 소문이 정말인지 확인해
      보세요.

   4) 왜 회사를 그만두었는지
      말해 보세요.

3. 1) 저기 서 있는 분이 누구인지
      모르겠어요.

   2) 성미 씨가 누구를 만나러 가는지
      모르겠어요.

   3) 어디가 아픈지 모르겠어요.

   4) 다이어트를 한 효과가 있는지
      모르겠어요.

4. 1) 얼마나 노래를 잘하는지
      가수 같아요.

   2) 얼마나 우스운지 배꼽을 잡고
      웃었어요.

   3) 얼마나 부끄러운지 쥐구멍에라도
      들어가고 싶었어요.

   4) 얼마나 성격이 쌀쌀한지 다들
      무서워해요.

5. 1) 어머니 만큼 부지런한 사람은
      없을 거예요.

   2) 노력한 만큼 성적이 올랐어요.

   3) 누구나 풀 수 있을 만큼 쉬운
      문제예요.

   4) 모든 사람에게 들릴 만큼 큰
      소리로 읽어 보세요.

6. 1) 주차장이 없을지도 모르니까
      차를 두고 가세요.

   2) 멀미를 할지도 모르니까
      멀미약을 드세요.

   3) 늦게 갈지도 모르니까 먼저
      식사하세요.

   4) 유리가 깨질지도 모르니까
      조심해서 드세요.

2. 1) けがをしたところがないか、調べて
      みてください。

   2) 荷物が到着したか、聞いてみてくだ
      さい。

   3) そのうわさが本当か、確認して
      みてください。

   4) なぜ会社を辞めたのか
      言ってみてください。

3. 1) あそこに立っている方が誰か
      知りません。

   2) ソンミさんが誰に会いに行くのか
      知りません。

   3) どこが痛いのかわかりません。

   4) ダイエットをした効果があるのか
      わかりません。

4. 1) あまりに歌が上手で、
      歌手みたいです。

   2) あまりにおもしろくて、腹を抱えて
      笑いました。

   3) あまりに恥ずかしくて、(ねずみの)
      穴にでも入りたかったです。

   4) あまりに性格が冷たくて、皆
      怖がっています。

5. 1) 母ほどまめまめしくよく働く人は
      いないでしょう。

   2) 努力しただけ、成績が上がりました。

   3) 誰でも解けるぐらい簡単な
      問題です。

   4) すべての人に聞こえるぐらい大きい
      声で読んでみてください。

6. 1) 駐車場がないかもしれないから、
      車を置いて行ってください。

   2) 乗り物酔いをするかもしれないから、
      酔い止め薬を飲んでください。

   3) 遅れて行くかもしれないから、先に
      食事をしてください。

   4) ガラスが割れるかもしれないから、
      気を付けて持ち上げてください。

〈ㄴ〉

付録

索引
〈ㄷ〉

215

보다	見る	5
～보다(는／도)	～より(は／も)	11
보람	甲斐、効き目	11
보리차	麦茶	2
보여 주세요.	見せてください。	3
보이다	見せる、見える	14
보호하다	保護する	22
복	福、幸福	23
복권	宝くじ	17
복사하다	コピーする、複写する	14
본사	本社	24
볼일	用事、用	15
볼펜	ボールペン	2
봄	春	11
봉사	奉仕	23
봉지	袋	20
부끄럽다	恥ずかしい	25
부럽다	うらやましい	25
부르다〈택시를 ～〉	〈タクシーを〉呼ぶ	10
부르다〈배가～〉	〈お腹が〉膨れている、満腹だ	15
부르다〈노래를 ～〉	〈歌を〉歌う	16
부모님	両親、ご両親	7
부부	夫婦	13
부인	夫人、奥さん	13
부장	部長	12
부족하다	足りない、不足する	22
부지런하다	勤勉だ	22
부치다〈편지를 ～〉	〈手紙を〉出す	10
부탁하다	依頼する、頼む	23
～부터	～から	5
～분	～分	5
～분	～名様	6
～분	～方	12
분리 수거	分別収集	18
분실물	紛失物	19
불	火、明かり	8
불가능하다	不可能だ	24
불고기	プルコギ(焼き肉)	10
불다	吹く	14
불편하다	不便だ	15
붐비다	込み合う、混雑する	21
브라질	ブラジル	24

비	雨	10
비누	石鹸	15
비닐	ビニール	25
비빔밥	ビビンバ	10
비상구	非常口	3
비싸다	(値段が)高い	11
비행기	飛行機	12
빌려주다	貸してやる	21
빌리다	借りる	8
빗	くし、ブラシ	8
빗다〈머리를 ～〉	〈髪を〉とかす	7
빠르다	速い	12
빨갛다	赤い	12
빨다	洗濯する	15
빨래	洗濯、洗濯物	13
빨리	速く、早く	9
빵	パン	4
뽑다	選ぶ	23

〈ㅅ〉

사	4	3
사건	事件	20
사고가 나다	事故が起こる	15
사고방식	思考、考え方	25
사과	りんご	4
사귀다	つきあう、交際する	20
사다	買う	6
사람	人、～人	1
사무실	事務室	3
사원	社員	6
사이	間、間柄	23
사장	社長	9
사전	辞典、辞書	2
사정	事情、訳、都合	24
사진	写真	6
사촌	いとこ	20
산	山	4
산낙지	生きた真だこ	20
산책	散歩、散策	11
～살	～歳	6
살다	住む、住んでいる、生きる、暮らす	7

〈ㅇ〉

付録

索引
〈ㅇ〉

225

著者

金東漢（キム・トンハン）
　　韓国ソウル生まれ。東京大学講師。
　　元東京大学准教授。元NHKラジオハングル講座講師。
　　著書に、『新・韓国語レッスン　初級』（スリーエーネットワーク）、『大学韓国語演習』、『韓国
　　語総合初級・中級』（以上白帝社）、『ことわざと四字熟語で楽しむ　ハングル日常会話』（NHK
　　出版）など。

張銀英（チャン・ウニョン）
　　韓国生まれ。梨花女子大学卒業。東京大学、津田塾大学講師。
　　元NHKラジオハングル、テレビハングル講座講師。
　　著書に、『新・韓国語レッスン　初級』、『通訳メソッドを応用した シャドウイングで学ぶ韓国
　　語短文会話500』、『名作の朗読で学ぶ美しい韓国語　発音と読解』（以上スリーエーネットワー
　　ク）、『ひと目でわかるハングル入門』（NHK出版）など。

イラスト
池貴巳子

装丁・本文デザイン
山田武

新・韓国語レッスン　中級

2020年3月26日　初版第1刷発行

著　者　　金東漢　張銀英
発行者　　藤嵜政子
発　行　　株式会社スリーエーネットワーク
　　　　　〒102-0083 東京都千代田区麹町3丁目4番
　　　　　　　　　　トラスティ麹町ビル2F
　　　　　電話　　営業　03（5275）2722
　　　　　　　　　編集　03（5275）2725
　　　　　http://www.3anet.co.jp/
印　刷　　倉敷印刷株式会社